多元文化教育概论
第五版

〔美〕詹姆斯·A.班克斯 著

孟梅艳 译

商务印书馆

Authorized translation from the English language edition, entitled INTRODUCTION TO MULTICULTURAL EDUCATION, AN, 5E, by BANKS, JAMES A., published by Pearson Education, Inc., Copyright © 2014

All rights reserved. No part of this book may be reproduced or transmitted in any form or by any means, electronic or mechanical, including photocopying, recording or by any information storage retrieval system, without permission from Pearson Education, Inc.

CHINESE SIMPLIFIED language edition published by PEARSON EDUCATION ASIA LTD., and THE COMMERCIAL PRESS LTD Copyright © 2020

This edition is manufactured in the People's Republic of China, and is authorized for sale and distribution in the People's Republic of China exclusively (except Taiwan, Hong Kong SAR and Macau SAR).

本书封面贴有 Pearson Education（培生教育出版集团）激光防伪标签。无标签者不得销售。

作者介绍

詹姆斯·A.班克斯是华盛顿大学西雅图分校克里和琳达·克林格（Kerry and Linda Killinger）多样性研究讲席教授，他创建了多元文化教育中心并担任主任一职，2001至2006年在华盛顿大学做罗素·F.斯塔克校级教授（Russell F. Stark University Professor）。班克斯教授是美国教育研究协会（American Educational Research Association）和美国社会学科理事会（National Council for the Social Studies）前任主席。他是社会学科教育和多元文化教育领域的专家，著作广泛，包括《民族研究教学策略》(*Teaching Strategies for Ethnic Studies*)、《文化多样性与教育：基本原理、课程和教学》(*Cultural Diversity and Education: Foundations, Curriculum, and Teaching*)、《多元文化社会的公民教育》(*Educating Citizens in a Multicultural Society*)、《种族、文化和教育：詹姆斯·A.班克斯作品选读》(*Race, Culture, and Education: The Selected Works of James A. Banks*)。班克斯教授还编著了《多元文化教育研究手册》(*Handbook of Research on Multicultural Education*)、《劳特里奇国际多元文化教育指南》(*The Routledge International Companion to Multicultural Education*)、《全球视域下的多样性与公民教育》(*Diversity and Citizenship Education: Global Perspectives*)、《教育多样性百科全书》(*Encyclopedia of Diversity in Education*)（4卷）。他也是哥伦比亚大学师范学院出版社发行的多元文化教育系列丛书的主编。班克斯教授同时还是国家教育科学院（National Academy of Education）成员和美国教育研究协会研究员。

班克斯教授在美国被誉为"多元文化教育之父"，是世界上多元文化教育领域最重要的奠基人、理论家和研究者之一。他拥有班克街教育学院（纽约）、阿拉斯加费尔班克斯大学、威斯康星大学帕克赛德分校、德保罗大学路易斯分校、克拉克学院和格林内尔学院的荣誉博士学位，还获得了加州大学洛杉矶分校代表最高荣誉的奖章。2005年，班克斯教授在华盛顿大学第29届年度教职员工大会上发表致辞，这是该校给予教授的最高荣誉。2007年，他在哥伦比亚大学任悌西杰出访问教授（Tisch Distinguished Visiting Professor）。

  班克斯教授关于教育机构如何改善种族和族裔关系的研究，对全世界的中小学、学院和大学产生了深刻的影响。他去过很多国家进行公民教育和多样性讲座，包括澳大利亚、加拿大、中国、塞浦路斯、英国、法国、德国、希腊、爱尔兰、以色列、日本、肯尼亚、韩国、马来西亚、俄罗斯、新加坡、瑞典和新西兰。他的著作被翻译成希腊文、日文、中文和韩文等多国文字。

前　言

由于世界范围的移民潮和全球化趋势，世界各国的多样性以及对多样性的认识也逐渐增强，包括英国、法国、德国和荷兰等西欧国家（Osler，2012a）。亚洲国家的多样性及对多样性的认识也在增强，如韩国（Moon，2012）、日本（Hirasawa，2009）和中国（Teng & Zhu，2012）。西班牙裔人口和来自中国、韩国、印度等亚洲国家的移民数量的增长，是美国民族、种族、语言和宗教多样性日益增强的主要因素。

一　移民与美国人口的变化

美国目前正在经历自 20 世纪初以来最大的移民潮（美国人口普查局，2012）。2009 年，美国有 3900 万居民是在国外出生的，是世界上国外出生人口最多的国家。2009 年，美国 13% 的居民出生于国外，是世界上比例最高的国家之一，澳大利亚和加拿大的国外出生人口比例更高（Martin & Midgley，2010）。2010 年，非西班牙裔白人占美国人口的 63.7%，比 2000 年的 69.1% 有所下降（Mather、Pollard & Jacobsen，2011）。美国人口普查局预计，到 2050 年非西班牙裔白人将占美国人口的 50.1%，非白人人种的比例为 49.1%（美国人口普查局，2004）。那时，非西班牙裔白人和非白人人种将各占全国人口的一半。

美国中小学、学院和大学的种族、文化和宗教多样性也日渐明显。美国公立学校中白人学生的比例从 1990 年的 67% 下降至 2010 年的 54%。同期，西班牙裔在校生人数从 12% 增至 23%［National Center for Education

Statistics（NCES），2012］。非裔美国学生在公立学校的比例从17%下降至15%。2010年，最大的20个学区中有18个学区的白人学生比例低于50%（NCES，2012）。2010—2011学年，下列13个州中非白人学生占大多数：亚利桑那州、加利福尼亚州、特拉华州、佛罗里达州、佐治亚州、夏威夷州、路易斯安那州、马里兰州、密西西比州、新墨西哥州、内华达州、纽约州和得克萨斯州（Aud et al.，2012）。

二　多样性与教育面临的挑战

美国学校中的语言多样性也在增加，2010年19.8%的学龄人口在家里使用英语以外的语言（美国人口普查局，2010）。英语学习者是美国公立学校中增长最快的群体。据估计，到2030年美国公立学校中40%的学生将把英语作为第二语言（Peebles，2008）。美国和欧洲一样，宗教多样性也日益显著。哈佛大学宗教学教授戴安娜·艾克（Diana Eck，2001）称，美国是世界上宗教多样化最显著的国家。伊斯兰教在美国以及在法国、荷兰和英国等一些欧洲国家是增长最快的宗教。

多样性给国家、学校和教师既提出了挑战，又带来了机遇。多元文化教育的一个重要目标是，帮助教育工作者尽量减少多样性造成的问题，同时尽可能增加多样性教育的机会和可能性。要创造性地有效应对多样性，教师和管理人员需要熟练掌握多元文化教育的概念、原则、理论和实践。他们还需要审视和厘清自己的种族和族裔态度，掌握必要的教学知识和技能，与来自不同种族、民族、文化、性别、社会阶级和宗教群体的学生进行有效合作。

三　本书的组织结构

《多元文化教育概论》（第五版），旨在向即将和正在从事教育的工作者介绍多元文化教育中的主要概念、原则、理论和实践，适合无法在该论题投入大量时间的读者。第一章讨论多元文化教育的目标，以及对多元文化教育的误解。第二章描述为什么多元文化教育对于帮助学生掌握在不同国家和世界中成为有效公民（effective citizens）所需要的知识、技能和态度，是必不可少的。该章包含了我近期在世界各国从事公民身份和多元文化教育工作得出的一些概念和思考（Banks，2009a；2012）。第三章讨论多元文化教育的维度和优秀的多元文化学校具有的特征。第四章描述多元文化教育改革课程的方式，让所有学生都可以掌握成为多元文化民主社会中的有效公民所需要的知识、态度和技能。多元文化教育事关民主的单一民族国家（nation-states）的公共利益，这一思想是该章的主要观点。

第五、六章考察需要教给学生的知识类型，以及一线教师要在多元文化学校和课堂中有效发挥作用所需掌握的知识成分。第五章是第五版中新增加的内容，描述历史学家和社会科学家的生活经验、价值观、个人经历和其所处的文化社群如何反映在他们的知识架构中。该章还介绍了知识的五种类型，解释为什么学生需要了解每种知识类型，如何建构自己对过去和现在的看法，以及如何认识自己创建的知识的性质与局限。第六章介绍有效教师（effective teachers）需要掌握的知识类别。该章还介绍了今天的教育工作者必须掌握的教育范式、关键概念、重大思想，以及关于各族裔群体的历史和文化知识。第七章讨论围绕重大思想和概念组织的多元文化课和课程单元的特征，该章包含两个此类教学单元的示例。

第八章讨论学校改革和群际教育：第一部分分析改革美国学校、应对人口结构变化的必要性；第二部分讨论群际教育和学生种族态度的本质，还介绍了帮助学生发展民主的种族态度和价值观的指导原则。如果美国想要在一个相互依存的全球社会具备走向成功的竞争能力，想要帮助所有学生成为关心他人、有责任感的积极公民，就必须以提高学业成绩和帮助学生培养民主的种族态度为目标，实施学校改革。第九章是对全书的总结，讨论教育工作者用来判断学校或教育机构是否良性、深入地实施了多元文化教育的重要基准。

四 本版创新

在准备编写《多元文化教育概论》第五版的过程中，我进行了以下调整：
- 本书加入了新出现的进展、趋势和问题。

- 本书更新了统计数据、引用和参考文献。
- 增加了一个新的章节：第五章"知识建构与课程改革"。
- 增加了一个新的附录：附录 A"在学校内外的多样性环境中学习"。该附录讨论了为什么教师应利用学生在家庭和社区中的经历体验来丰富他们在学校中的学习。
- 修订了术语表并添加了新的条目，包括 LBGT、后现代主义（postmodernism）和新自由主义（neoliberal）。
- 更新了术语表中的统计数据。

在更新引文和参考文献的过程中，我从我主编的、2012年出版的《教育多样性百科全书》中选取了很多理论、研究结果和例证。《百科全书》中的理论和研究结果大大丰富、充实了第五版的内容。《教育多样性百科全书》是多元文化教育领域最全面的参考书，共四卷，包含近700个词条（Banks，2012）。

本书向读者简明、全面地介绍了多元文化教育及其复杂性，有助于读者理解教育实践的含义。如果读者想要深入研究多元文化教育，书后列出的参考文献和资源会有一定的帮助，包括附录 D"多元文化教育基础资源"。我希望本书能够开启读者的多元文化教育之路，在职业生涯中不断深耕，结出丰硕的果实。

五　感谢

我要感谢华盛顿大学多元文化教育研究中心的研究助理王韬（Tao Wang）给予我的帮助，他更新了第五版中所有的统计数据。我要感谢我的同事和朋友谢丽·A. 麦吉（Cherry A. McGee），她总是倾听我的想法，并提出深刻、敏锐的见解。我还要感谢教育学院和多元文化教育中心的同事们，尤其是达芙妮·布兰卡·达巴赫（Dafney Blanca Dabach）、吉尼瓦·盖伊（Geneva Gay）、迈克尔·S. 纳普（Michael S. Knapp）、沃尔特·C. 帕克（Walter C. Parker）、汤姆·T. 斯特里迪克斯（Tom T. Stritikus）和曼卡·M. 瓦吉斯（Manka M. Varghese），他们关于种族、阶级、多样性、语言和教育问题的谈

前　言

论非常具有启发性。这些同事让教育学院和多元文化教育中心成为了充满活力的知识团队。下列人员审阅了本书并为第五版提供了有用的建议：蓝田学院的贾克琳·格斯坦（Jaclyn Gerstein）、艾塞克斯学院的琳达·伊斯顿·哈维斯特（Linda Easton Harvest）、北艾塞克斯社区学院的梅利莎·尤赫涅维奇（Melissa Juchniewicz）和洛约拉大学的 J. 柯瑞·斯蒂尔（J. Corey Steele）。

詹姆斯·A. 班克斯

第一章 目标及错误观念 / 1
第二章 公民教育和全球时代的多样性 / 21
第三章 维度与学校特征 / 34
第四章 课程变革 / 43
第五章 知识建构与课程改革 / 56
第六章 知识的构成 / 71
第七章 围绕重要概念展开教学 / 83
第八章 学校改革与群际教育 / 103
第九章 多元文化的基本标准 / 118
附录 A 在学校内外的多样性环境中学习 / 128
附录 B 信息材料评估表 / 135
附录 C 多元文化教育评估表 / 137
附录 D 多元文化教育基础资源 / 139
术语表 / 142
参考文献 / 145

第一章 目标及错误观念

多元文化教育是一场对学生教育进行重大变动的改革。从事多元文化教育的理论和研究人员认为，中小学、学院和大学有很多涉及种族、民族、语言和宗教的做法，不仅对学生的发展有害，也强化了西方社会的固有观念和歧视行为（Banks，2011；Gillborn，2008；Ladson-Billings，2012；Nieto，2012）。

多元文化教育是一种认识或观念，也是一场教育改革，一个过程（Banks，2013）。多元文化教育强调，所有学生，无论性别、性取向如何，来自哪个社会阶层、民族和种族，有何文化特征，均应享有平等的上学机会。

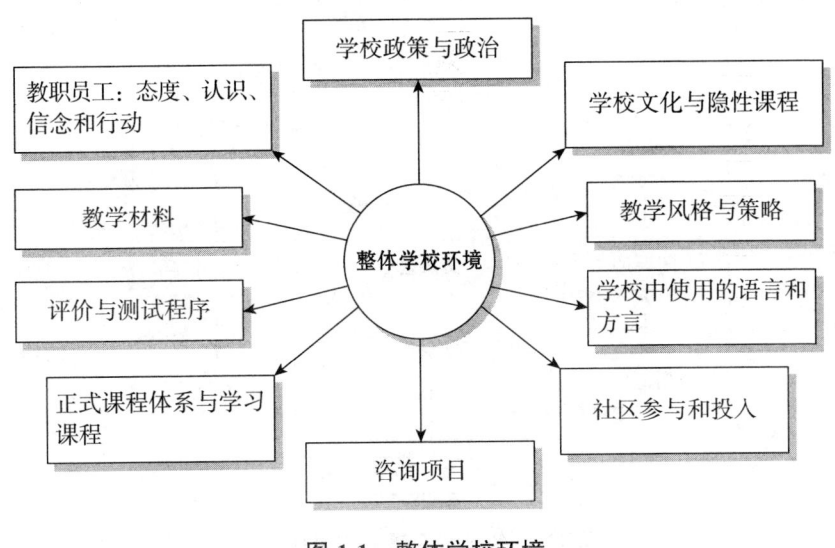

图 1.1 整体学校环境

多元文化教育思想还指出，一些学生由于拥有上述的某些特征，和属于其他群体或具有不同文化特征的学生相比，享有更好的上学机会。多元文化教育理论和研究表明，要全面有效地推行多元文化教育，学校必须进行整体改革。学校进行多元文化教育改革，涉及很多变量（如图1.1所示）。

多元文化教育指出，种族、民族、文化、宗教和社会阶层是美国和西方社会的重要组成部分。另外，多样性使国家变得丰富，不仅增加了公民的认知途径以及解决个人和公共问题的方法，而且给全体公民提供了大量体验其他文化的机会，使他们的人生更加充实。当个体能够参与到多种文化时，就更能从人类的整体经验中受益。

多元文化教育关注种族、民族、阶层、性别、宗教、语言、特殊性、性取向（男同性恋、女同性恋、双性恋或变性者［gay, lesbian, bisexual, or transgender, LGBT］）对学生学习和行为的影响，考察这些变量单独以及交互影响学生行为的方式。多元文化教育工作者用交叉性（intersectionality）表示这些变量交互影响学生行为的方式（Grant & Sleeter, 1986；Grant & Zwier, 2012）。教师只知道一个学生的种族或民族，是无法全面理解其行为的，如果能了解该学生的主要语言、社会阶层、民族身份，以及对自身民族的认同程度，就能对学生本人及其行为有更深入的理解。图1.2说明了这些变量是如何交叉并交互影响学生行为的。

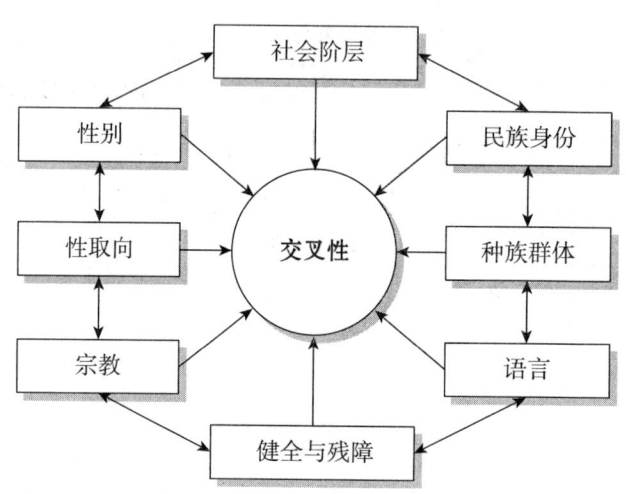

图1.2　多样性变量的交叉关系

一 多元文化教育的目标

个体如果仅从自己的文化视角出发来认识世界，就会囿于文化和民族的局限，错失很多重要的人类经验，且因当局者迷，也看不清自己的文化。我们只有从其他文化的角度，才能全面认识自己的背景和行为。就像鱼不知道自己生活在哪种独特的水中环境一样，社会中的很多主流人群也不能充分认识和理解其文化特征的独特性。多元文化教育的一个重要目标就是帮助个体从其他文化反观自身，更加深刻地认识自我。多元文化教育认为，有了认知和了解，才有可能带来尊重。

多元文化教育的另一个主要目标是让学生接触其他的文化、民族和语言。一直以来，美国和西方国家的学校课程主要关注强势、有影响力的主流群体的文化与历史。美国的学校文化与课程就基本上是占主流地位的盎格鲁裔美国学生的文化的延伸（Spring，2010），主流学生几乎没有了解其他文化和民族的机会。

以盎格鲁裔为中心的课程体系仍然不同程度地存在于美国的中小学、学院和大学之中，这对占据主流地位的盎格鲁裔美国学生和非裔、墨西哥裔等美国非白人族裔学生都产生了不好的影响（Lomawaima，2012；Nieto，2010；Nussbaum，2012）。学校只教主流学生自己的文化，主流学生就没有机会了解非裔、波多黎各裔、波兰裔等少数族裔五彩斑斓的音乐、文学，以及多元的价值观、生活方式和民族视角。主流美国学生应该知道非裔美国文学既独特又丰富（Morrison，2012），意大利裔和墨西哥裔美国人等群体也有值得他们学习的价值观。

以盎格鲁裔为中心的课程体系给其他族裔学生造成了负面影响，学校文化常常让他们觉得陌生、充满敌意，从而产生挫败感。教育工作者对其他族裔学生及其文化的消极评价，以及其他族裔学生在社区和学校中得到的负面经验，使他们中的很多人不能掌握在高科技、知识型社会中成功立足所需要的技能（Conchas & Vigil，2012；Darling-Hammond，2010）。

多元文化教育的主要目标之一就是为所有学生提供在自己的社群文化、社会主流文化、其他民族文化中，以及跨民族文化情境下能够立足所需要的技巧、态度和知识（Banks，2011）。主流美国学生应该深入了解独特且丰富的黑人英语[黑人英语（Black English）也称作埃伯尼语（Ebonics），该词是由ebony（黑人）和phonics（语音）两个词合并而来的]。非裔美国学生也应该能读、写标准英语，在主流机构中游刃有余，而不会产生脱离家庭和社群的文化疏离感（Alim & Baugh, 2007; Hudley & Mallinson, 2011）。

多元文化教育还有一个主要目标，就是减少某些民族和种族成员因其独特的种族、外貌和文化特征而遭受的痛苦和歧视。菲律宾裔、墨西哥裔、波多黎各裔和华裔美国人为了更好地同化、融入主流机构，常常否定自己的民族身份、民族传统和家庭（Cross, 2012）。犹太裔、波兰裔和意大利裔美国人也经常为了在学校或主流社会中获得成功而抛弃部分民族文化（Brodkin, 1998; Jacobson, 1998）。迪克曼（Dickeman, 1973）曾深刻地指出，学校常常迫使这些群体成员在追求成功的过程中进行"自我异化"。王·菲尔莫尔（Wong Fillmore, 2005）描述了学校怎样在迫使移民儿童放弃母语的同时也让他们与家庭产生了疏离感。这些都是在教育、社会和经济流动中付出的巨大代价。学生在学校和社会中获得了成功，却离自我、家庭和社群越来越远，福特汉姆（Fordham, 1998）将这种情况称作"惨胜"（pyrrhic victory），一种伴随着痛苦和失去的胜利。

美国的一些族裔，比如非裔、原住民、波多黎各裔美国人等，在努力同化、融入主流机构的过程中，其世界观、价值观和行为方式变得与盎格鲁-撒克逊裔非常相似。然而，这些族裔即便在文化上已经高度同化，也往往因为他们的肤色，无法充分融入到主流机构中去（Touré, 2011; Robinson, 2010）。在这个过程中，这些人可能与自己的社群文化和家庭产生了疏离。与社群文化和主流社会的双重疏离，最终可能导致他们被边缘化。

犹太裔和意大利裔美国人在努力融入美国主流社会文化的过程中也可能会否定自己的文化，遭到边缘化（Dershowitz, 1997）。虽然他们通常可以做到外表和举止与盎格鲁裔美国人无异，但在否定和抛弃家庭、民族语言、象征、行为和信仰时，可能承受着心理压力和身份冲突（Brodkin, 1998）。对很多少数族裔成员来说，民族在其社会化过程中起着重要的作用，民族身份是他们身份建构的重要成分（Appiah, 2006; Guttmann, 2003）。他们在否认民族文化和身份的同时，也抛弃了很重要的一部分自我。

教育工作者必须要意识到，还有很多少数族裔成员，并不把民族身份看作个人身份的重要组成部分。对他们来说，其他一些群体属性，比如宗教、社会阶层、性别或者性取向，对身份的建构更为重要。有些人认同不止一个民族或文化群体，对多种族和多民族的混血儿来说，可能尤其如此，这个群体在美国社会中越来越壮大（Joseph，2012）。非白人族裔的民族身份不够显著，因此也比较复杂。即便这些人不把民族身份当回事，其他人，尤其是其他种族和民族的人们，也可能将他们划归为某个种族或民族，把民族性看作他们的首要身份。

被边缘化的少数族裔成员可能受到孤立，感觉自己在社会中无足轻重。一个人抛弃了基本的群体身份，便不能充分发挥才能，实现自我价值，在政治和社会中变得孤立。因此，保护全体公民忠于自己民族和文化群体的权利，才最符合民主政治的利益（Banks，2011；Benhabib，Shapiro & Petranovic，2007；Kymlicka，2004）。个体完全可以既忠诚于自己的民族，又效忠于整个民族国家。

多元文化教育的另一个目标是帮助学生掌握立足于全球所需要的读、写、算技能，在这个"平面"的技术世界中，纽约、伦敦、巴黎、柏林的学生必须和印度、巴基斯坦等发展中国家的学生一起竞争工作岗位（Darling-Hammond，2010）。技术的发展让公司能够将工作外包到发展中国家以降低生产和服务成本。给学生提供多元文化阅读材料，不仅能激发学生的兴趣，也十分有意义（Lee，2007）。当课堂上使用的材料与社会中的种族、民族、社会阶层等重大问题相关时，就更利于学生掌握这些必要的技能。全世界的学生（包括美国学生在内）所处的社会中都真实而显著地存在着民族、种族、语言和宗教问题（Banks，2009a）。与这些问题以及学生生活的文化社群有关的课程内容，对学生来说重要而且有意义。多元文化教育理论和研究人员认为技能培养目标至关重要（Lee & Buxton，2010；Nasir & Cobb，2007）。

多元社会中的教育应该肯定并帮助学生理解自己的家庭文化与社群文化，同时也应帮助他们打破自身文化的藩篱。要想建立、维护一个服务于共同利益的公民社会,民主社会的教育应该帮助学生掌握参加社会政治活动所需的知识、态度和技能,参与创建更加公平、公正的社会。

二 教育与全球公民身份

　　帮助不同种族、文化、语言和宗教群体的人们掌握能在其文化社群和宗教文化,以及国家公民文化和全球社会中有效发挥作用所需要的知识、态度和技能,是多元文化教育的又一个重要目标(Banks,2004a,2008)。过去,大多数民族国家都要求,要成为本国公民,就必须同化、融入国家文化,远离原来的社群文化。"二战"以来,随着世界历史、政治、社会和文化的发展,关于公民身份和公民教育的同化主义观念受到了质疑。20世纪六七十年代兴起的民族振兴运动也使公民身份的制度化观念备受争议。世界范围的移民迁徙、全球化对民族国家的挑战、绵延的民族主义情绪以及旷日持久的国家边界纠纷,都激发了人们对公民身份和公民教育的辩论、争议与重新思考(Benhabib,2004;Castles,2009)。

　　传统的公民身份观念认为,来自其他群体的个体必须放弃自己的家庭、社群文化和语言,才能进入并有效参与国家公民文化,这种同化主义公民教育观令人质疑。公民教育的范围需要拓展,将保障来自不同种族、文化、民族、语言和宗教群体的公民的文化权利包括在内(Gutman,2004;Young,2000)。

　　有效的公民教育可以帮助学生掌握在其文化社群、民族国家、宗教和全球社会立足所需要的知识、技能和价值观。这样的教育能让学生获得必要的国际视角和价值观,努力为全世界人民带来公平和社会公正(Nussbaum,2002)。学校应该进行改革,采用革新性和批判性的公民教育观念,加强面向所有学生的教育公平。

三 标准化运动

　　2001年美国国会颁布了《不让一个孩子掉队法案》(No Child Left Behind Act,NCLB),2002年由乔治·W. 布什(George W. Bush)总统签

署生效，致力于解决白人学生和其他人种学生之间的学业成绩差距。该法案声称的目标之一就是让各学区与各州对不同种族、民族和语言群体学生的学业成绩负责。该法案要求各州制定严格的阅读、数学和科学课程标准，每年对三至八年级的学生进行这三个科目的测试。法案还要求将评估的结果按照收入、种族、民族、残障、英语不熟练程度进行分类统计（Guthrie，2003）。

为了响应 NCLB 法案的要求，很多学校实行了基于标准的改革，很多州在 NCLB 法案通过之前就已经开始了标准改革。巴拉克·奥巴马（Barack Obama）总统和教育部长阿恩·邓肯（Arne Duncan）在 2009 年 7 月 24 日宣布了《力争上游教改计划》（Race to the Top），该计划与 NCLB 法案十分相似，对于那些制定了教师、校长绩效标准以及特许学校建立标准的州，给予加分奖励。

国家重视制定高学业标准，并让教育工作者对学生的学业成绩负责，这些措施在全国学校推行的结果喜忧参半。有些研究者和教育部门的领导认为，制定国家标准、实行标准化测试的前景乐观。罗德里克、雅各布和布里克（Roderick、Jacob、Bryk，2002）进行的一项研究表明，实行了标准化改革之后，成绩差的学校表现有所提高。一些少数族裔学生多、成绩差的学校也对 NCLB 法案表示欢迎，因为该法案要求各学区和各州将成绩按照收入、种族、民族、残障和英语不熟练程度分类统计。这些学校的管理人员认为，分类统计成绩能让人们关注到白人学生与非裔、墨西哥裔和原住民美国人等其他人种学生之间的学业成绩差距。

NCLB 法案、《力争上游教改计划》及相关改革也遭到了另一些研究者和校改实施者的齐声反对（Au，2012b；Darling-Hammond，2010；Meler & Wood，2005）。不赞成 NCLB 法案的人批评说，基于标准的改革给课程和学校生活带来了负面后果（Kumashiro，2012）。他们认为，这些改革迫使教师将注意力只放在读写、算术技能上，而不关注批判性思维的培养以及民主社会中全面的学校教育目标。此外，他们还担心会导致过分强调测试，减少对教师教学方法技巧以及专业素养问题的关注（Au，2009；Giroux，1988）。阿姆瑞和柏林纳（Amrein、Berliner，2002）对 18 个州进行了分析，考察高风险测试（high-stake tests）①对学生学习成绩的影响，得出的结论是，除了一个州之外，在其他州，学生的学习成绩具有不确定性，与高风险测试实施以前持平，甚至在高风险测试实施之初还出现了下降。

斯利特（Sleeter，2005）对标准（standards）和标准化（standardization）做了重要的区分，并且解释了她为什么支持标准却反对标准化。标准是对质量的描述，教师可以用来帮助学生达到高水平的学业成绩。标准化则对学生、教师和学校都有负面影响，因为标准化会导致官僚化，将注意力引向测试低水平知识技能常模参照测试（norm-referenced tests）。

教师会面临两难选择：授课如何在适应学生文化背景的同时，还能帮助学生掌握顺利通过地方州和国家标准化考试需要的知识和技能？如果忽略测试，成绩差的学生在学校和社会中就会被进一步边缘化，现行的社会、政治和经济结构将会延续，而且教师的职业声誉和地位也可能受到威胁，因为在很多学区，如果学生在一个测试周期的考试分数和之前相比没有提高，教师就会面临处罚。

斯利特（2005）建议教师使用多元文化内容帮助不同群体学生掌握在标准化考试中取得好成绩所需要的知识和技能，当教学内容与自己的历史、文化经验直接相关时，学生的学习动机就会非常强烈。同时，教师应该帮助学生对可以改变政治、经济和社会制度的行动树立概念，在历史上他们的群体受到过这些制度的迫害，如今仍然深受其害（Baldwin，1985a；Freire，2000）。

四 多元文化引发的辩论

多元文化教育是以自由为目标的教育，这在当今这个充满民族分化与纷争的世界中非常重要（Parekh，2006）。20世纪90年代早期，多元文化

---

① NCLB法案的核心内容之一是通过标准化测验来对公立学校课改产生影响以实现教育公平，根据测验结果来决定学生是否升级或得到毕业证书，决定学校和学区能获得哪些教育资源，决定教师表现和薪酬。更有重者，若连续5年学校没有取得进步，将面临重组或被政府接管，所以，这种标准化测验因其后果的严重性而被称为"高风险测试"。

教育曾引发了一场全国范围的激烈辩论，部分原因是公民们对构成美国身份的要素以及美国文明的根源和性质看法不一。接着，这场辩论又引发了权力的斗争：究竟谁应该参与制定美国中小学、学院和大学课程设置的规范呢？

20 世纪 90 年代，关于该规范的激烈讨论充斥于大众媒体与读物之中，掩盖了自 20 世纪六七十年代民权运动兴起以来多元文化教育取得的进展。这场辩论还使得关于多元文化教育理论和实践的一些有害错误观念甚嚣尘上，结果加剧了不同种族和民族之间的紧张关系，忽略了该领域在理论、研究和课程开发方面的显著成就（Nieto，2012）。为了恢复平衡、确保学术的诚实与准确，我们需要正视多元文化教育的发展和成就。

五　错误观念

1. 多元文化教育服务于他者

要揭示多元文化教育的真相，就必须对一些常见的、广为流传的错误观念进行识别和廓清。其中的一个误解是，多元文化教育是一场面向非裔美国人、拉美人、穷人、女性和其他边缘群体的赋权计划和课程运动（Chaves，2010；Glazer，1997）。

从事多元文化教育的一些重要理论的研究人员认为，多元文化教育是一场旨在对教育机构进行重组的改革运动，让包括来自中产阶级家庭的白人男性学生在内的所有人掌握能在一个文化和民族多元化的国家和世界中立足所需要的知识、技能和态度（Banks & Banks，2004；Gay，2010；Ladson-Billings，2012；Nieto，2012）。根据该领域内主要理论架构师在过去十年里提出的定义和概念，多元文化教育不是面向某一民族或性别的运动，而是旨在为所有学生赋权，帮助他们在一个深陷困境和民族分化的国家和世界中成为知识渊博、关心他人、积极活跃的公民。

声称多元文化教育只是面向非白种人族裔和被剥夺了公民权利的人是最为有害、最具破坏性的误解之一，必须要加以澄清（Chavez，2010；Glazer，1997）。这种言论引起了严重的问题，多元文化教育运动自开展之日起就一直受其困扰。尽管书面著作、口头演讲一再强调，多元文化教育面向的是所有学生，但是在大众的想象中，在很多教师和管理人员的头脑中，多元文化教育是一项为"他者"赋权的计划，这个印象至今仍然根深蒂固。很多在以白人为主的学校和地区工作的教师常说，他们没有实施多元文化教育的课程或计划，因为他们基本没有非裔、拉丁裔或亚裔美国学生。

当教育工作者将多元文化教育看作是对"他者"的研究时，多元文化教育就会被边缘化，排除在主流教育改革之外。20世纪90年代，多元文化教育的批评者，如施莱辛格（Schlesinger, 1991）和格雷泽（Glazer, 1997），将其等同于以非洲为中心的教育，使多元文化教育是研究"他者"的观念持续至今。

群际教育（intergroup education）的历史告诉我们，教育多样性改革只有被认为对所有学生都有必要，且能促进广大公众的利益时，才有可能在全国的中小学、学院和大学中成为制度（C. A. M. Banks, 2005）。发生于20世纪40至50年代的群际教育运动最终失败了，很大一部分原因是群际教育工作者从来没能让主流教育工作者信服，群际教育是所有学生都需要的并且面向所有的学生（Taba、Brady & Robinson, 1952）。主流教育工作者认为，有种族问题的学校才需要群际教育，"他们"需要，而"我们"不需要。很遗憾，群际教育最后悄无声息地结束了。

2. 多元文化教育是对抗西方的

对多元文化教育的另一个有害误解是，多元文化教育是一场对抗西方和西方文明的运动。批评者不断地重复这个观点，读者也常常以为这个观点不言自明。实际上，多元文化教育并不反对西方，因为大多数非白人作家都是西方人，如鲁道夫·A. 阿纳亚（Rodolfo A. Anaya）、葆拉·冈·艾伦（Paula Gunn Allen）、N. 斯科特·莫马戴（N. Scott Momaday）、汤婷婷（Maxine Hong Kingston）、玛雅·安吉罗（Maya Angelou）和托妮·莫里森（Toni Morrison）。多元文化教育本身是一场彻头彻尾的西方运动，它脱胎于民权运动，植根于自由、公正和公平等西方民主理想。多元文化教育致力于将建国之初服务于少数精英分子的理想进行扩展，服务于所有人。

虽然多元文化教育不反对西方，但多元文化教育理论家认为应该揭示西方的真相，承认其对非白人人种和女性的亏欠并将其纳入课程，让学生知晓自由、平等的理想与存在种族主义和性别主义的现实之间的落差。反思性公民行动也是多元文化理论不可分割的一部分。多元文化教育认为，公民改良社会的行动是民主社会教育的组成部分。它连接了知识、价值观、权力和行动（Banks，1996）。多元文化教育对知识和知识建构的假设具有后现代性，不赞同启蒙运动及实证主义对人类价值观、知识和行动之间关系的假设。

实证主义者继承了启蒙运动的思想，认为知识是客观的，超越了人类的价值观和利益，因此对知识进行结构划分是可能的。多元文化主义者则认为，知识是有立场的，与知识创造者的价值观和经验有关，知识隐含着行动（Harding，2012）。因此，持有不同的观念、理论和范式，就会采取不同的行动。多元文化主义者认为，要获得有效的知识，了解社会情况和知识创造者的经验至关重要（Code，1991；Collins，2000；Harding，2012）。

3. 多元文化教育会导致国家分裂

许多批评者称，多元文化教育会使国家分裂，破坏团结。施莱辛格（Schlesinger，1991）为了强调这一观点，将书名定为《美国的分裂：对多元文化社会的反思》(*The Disuniting of America: Reflections on a Multicultural Society*)。对多元文化教育产生这种误解，一部分源于对美国社会性质的不合理假设，还有一部分源于对多元文化教育的错误看法。称多元文化教育会导致国家分裂，实际上是假定国家已经处于统一状态。尽管美国在政治上是统一的国家，但从社会学的角度来看，在种族、性别、性取向和阶层因素上，我们的国家存在巨大的分化。阶层是美国最危险的分化之一，各阶层之间的差距正在日益扩大。1976年，收入最高的1%人口所拥有的财富仅占国家财富的20%，到了2007年，这一比例已经增至30%以上（DeNavas-Walt、Proctor & Lee，2005；Stiglitz，2012）。斯蒂格利茨（Stiglitz）称，

美国正在走向分化，而且速度越来越快。在新千年的首个经济恢复期（2002—2007），最富有的1%人口攫取了国民总收入65%以上的份

额。(第2页)

默里(Murray,2012)在《分化:美国白人状况,1960—2010》(*Coming Apart: The State of White America, 1960—2010*)一书中,令人信服地指出,美国日益扩大的收入差距正在使国内的白人群体出现"分化"。

多元文化教育旨在帮助高度分化的国家实现统一,而不是分化具有高度凝聚力的国家。多元文化教育支持合众为一(e pluribus unum)的概念。然而,什么是实现合众为一的最佳途径?多元文化主义者和西方传统主义者出现了分歧。按照传统的做法,学校和整个美国社会为了实现"一",会把来自不同种族和族裔群体的学生同化进神秘的盎格鲁裔美国人文化,学生需要经历一个自我异化和痛苦同化的过程,斯普林(2010)称之为去文化过程,瓦伦瑞拉(Valenzuela,2012)称之为减法学校教育。然而,其他人种即便在文化上实现了同化,也常常被排除在主流机构的结构之外。

多元文化教育工作者认为将合众为一作为国家目标并无不妥,但必须对该目标进行协商、讨论、重组,使其反映国家在种族、文化、语言和宗教方面的多样性。重塑"一"的内涵需要一个过程,必须有国家中各个群体的参与,比如非白人人种、女性、异性恋、同性恋、强势群体、弱势群体、青年人和老年人。"一"的重塑还必须让来自众多不同文化社群的人们共享权力、参与其中。他们必须讨论、辩论、分享权力、享有平等地位、突破自己的文化和民族边界,来创造一个反映并贡献于所有人福祉的共同公民文化。这个共同的公民文化将会超越每个群体的文化边界,构成一个公民边疆文化。

安热尔都阿(Anzaldua,1999)在《边疆》(*Borderlands*)中,对比了文化的边界(borders)与边疆(borderlands)。她认为需要弱化文化边界,创建一个共享的边疆文化,让来自众多不同文化的人们能够在边疆文化中互动、联系、参与公民讨论与行动。安热尔都阿指出,

> 边界的设置是用来定义安全地域和不安全地域的,将我们与他们区分开来。边界是一条分割线,一条生硬边缘线两边的狭长地带。边疆则是模糊、不确定的地域,由非自然边界的周边区域构成。边疆处于不断变化的状态。(第3页)

六 多元文化教育取得的进展

1. 多元文化教育对课程的重要渗透

虽然多元文化内容和视角在很多中小学、学院和大学中还不是中心课程，但在过去五十年中已经对中小学和高等教育课程产生了巨大的渗透。我们既不能说多元文化内容对中小学和大学课程没有渗入和改变，也不能说多元文化内容已经取代了欧洲和美国的经典教学内容，真实情况是介于两者之间的。

今天，中小学社会学科和语言技能教科书中出现的民族内容比十几二十年前多得多。此外，有些教师指定的书目，除了标准的美国经典著作以外，还包括非白人作者的著作。学习过多元文化教育概念的一线教师也比美国历史上任何时期都要多。一线教师中有相当大一部分人在大学期间上过多元文化教育方面的教师教育必修课。促进教师教育课程中多元文化教育内容增加的一个主要因素是，美国全国师范教育鉴定委员会（National Council for the Accreditation of Teacher Education，NCATE）采用了于1977年通过、1979年1月1日正式生效的多元文化教育标准。NCATE多样性标准（标准4）要求准备成为教师的个人，掌握与不同学生群体有效协作所需要的知识、技能和职业素养（NCATE，2008）。在解释多样性标准时，NCATE对教师教育课程和师范生的行为进行了举例说明，其中包括教授概念和原则时能够从学生所在的文化中举例，涉及有挑战性的内容时让所有学生（包括英语语言学习者）都参与反思和互动（NCATE，2008）。

多元文化教育教科书中的教师教育是当前的一个重要市场。多数大出版社都出版了几本该领域的大学教材。在教育心理学和教育基础等其他教育必修课的主要教科书中，大多也辟有独立的章节或部分，探讨多元文化教育的概念与发展。一些全国顶尖的高校，如加利福尼亚大学伯克利分校、明尼苏达大学双子城分校和斯坦福大学，在过去几十年间对其核心课程做了修订，加入了民族内容或者要求开设民族研究课程。

然而，学院和大学校园里传统规范的转变往往伴随着苦涩与分歧（Nussbaum，2012）。大学中所有的课程变化都是缓慢而痛苦地进行的。将课程变革与种族问题相联系激起了潜在的原始情感，反映了包括美国在内的西方社会存在的种族危机。在一些学校，比如华盛顿大学西雅图分校，激烈斗争的结果以要求进行民族研究一方的失败而告终。讽刺的是，华盛顿大学本科生中非白人学生的数量正在大幅增加。2010年秋，华盛顿大学西雅图分校非白人学生在本科生中的比例是38.3%，其中多数是亚裔美国人（比例为22.7%；华盛顿大学，2011）。

表1.1 公立中小学学生按人种/民族统计的数量与百分比：2000—2001 至 2010—2011 学年

年份	在校生人数	总数	白人	黑人	西班牙裔	亚裔/太平洋岛民后裔	美国印第安人/阿拉斯加原住民
2000—2001	46,120,42	100.0	61.0	17.0	16.6	4.2	1.2
2003—2004	47,277,389	100.0	58.4	17.1	18.8	4.5	1.2
2007—2008	48,397,895	100.0	55.8	17.0	21.2	4.8	1.2
2010—2011	49,402,385	100.0	52.4	16.0	23.1	4.6	1.1

资料来源：美国教育部（U.S. Department of Education）、国家教育统计中心（National Center for Education Statistics）、共同核心数据（Common Core of Data, CCD）、"公立小学/中学全面调查（Public Elementary/Secondary School Universe Survey），" 2000—2001、2003—2004、2007—2008 及 2010—2011 年度。

中小学教科书也经历着重大的变化。人口变动带来的压力是推动学校教科书变更的重要因素。美国学生的肤色正在发生快速的变化。在2010—2011学年中，全国公立中小学学生中有47.6%是非白人人种［国家教育统计中心（NCES），2011］。表1.1显示了2000—2001、2003—2004、2007—2008和2010—2011学年公立中小学在校生的种族或民族情况。据预测，到2020年66%的在美学生将是非裔、亚裔、拉丁裔或美国原住民（Johnson，2008）。

美国的语言多样性也日益明显。《2010年美国社区调查》表明，2010年约19.8%的学龄人口在家中使用英语以外的语言（美国人口普查局，2010）。据预测，到2030年大约40%的美国学生将把英语作为第二语言（Peebles，2008）。表1.2显示了除英语之外美国居民在家中使用频率最高的20种语言。非白种人父母和第一语言不是英语的父母，都要求他们的领袖、意象、希望和梦想能够在学校课程和他们孩子学习的教科书中有所反映。

教科书一向是反映社会中有钱有势阶层的神话、希望和梦想的。随着非裔、拉丁裔、亚裔和女性在权力舞台上影响力的提升,教科书将越来越多地反映他们的希望、梦想和失望。在一个种族、民族、语言和宗教日益多元化国家的图书市场中,教科书必将占有一席之地。由于教科书仍是美国公立学校课程的载体,因此也是多元文化课程改革者的重要关注对象。

表 1.2 1990、2000、2010 年 5 岁及以上人口在家使用频率最高的 20 种语言

在家使用的语言	1990		2000		2010	
	排位	使用人口数	排位	使用人口数	排位	使用人口数
美国使用的语言	(X)	230,445,777	(X)	262,375,152	(X)	289,215,746
只使用英语	(X)	198,600,798	(X)	215,423,557	(X)	229,673,150
所有非英语语言	(X)	31,844,979	(X)	46,951,595	(X)	59,542,596
西班牙语	1	17,339,172	1	28,101,052	1	36,995,602
汉语	5	1,249,213	2	2,022,143	2	2,808,692
他加禄语	6	843,251	5	1,224,241	3	1,573,720
越南语[1]	9	507,069	6	1,009,627	4	1,381,488
法语	2	1,702,176	3	1,643,838	5	1,322,650
韩语	8	626,478	8	894,063	6	1,137,325
德语	3	1,547,099	4	1,382,613	7	1,067,651
阿拉伯语	13	355,150	11	614,582	8	864,961
俄语	15	241,798	9	706,242	9	854,955
法国克里奥尔语	19	187,658	14	453,368	10	746,702
意大利语[1]	4	1,308,648	7	1,008,370	11	725,223
葡萄牙语[2]	10	429,860	12	564,630	12	688,326
印地语[3]	14	331,484	16	317,057	13	609,395
波兰语	7	723,483	10	667,414	14	608,333
日语[2]	11	427,657	13	477,997	15	443,497
乌尔都语[3]	(NA)	(NA)	18	262,900	16	388,909
波斯语	18	201,865	17	312,085	17	381,408
古吉拉特语	26	102,418	19	235,988	18	356,394
亚美尼亚语	20	149,694	20	202,708	X	X

续表

在家使用的语言	1990		2000		2010	
	排位	使用人口数	排位	使用人口数	排位	使用人口数
希腊语	12	388,260	15	365,436	19	307,178
塞尔维亚-克罗地亚语	(NA)	(NA)	(NA)	(NA)	20	284,077
其他语言	(X)	3,182,546	(X)	4,485,241		5,996,110

NA 表示未知，X 表示该项不适用。
（1）2000 年，越南语使用人数和意大利语使用人数没有表现出统计学差异。
（2）1990 年，葡萄牙语使用人数和日语使用人数没有表现出统计学差异。
（3）1990 年，印地语使用人数中包括乌尔都语使用者。
注：由于抽样误差本表中的估值可能偏离实际值，因此，本表列出的有些语言的使用人数与未列出语言的使用人数之间可能并不存在统计学差异。
资料来源：美国人口普查局（U.S. Census Bureau）（2003）、美国人口普查局（2010），美国社区调查（American Community Survey）。

2. 多元文化教育遭到的质疑

在过去二十年中，新自由主义运动在大多数西方国家显现出影响力，包括加拿大、德国、英国和美国。新自由主义运动是 2001 年 9·11 恐怖袭击和全世界严重经济问题所带来的后果。在加拿大（Joshee，2009）和英国（Tomlinson，2012），新自由主义运动的领导者呼吁增强"社会凝聚力"，这其实是"同化"的一种隐晦说法。乔西（Joshee）指出，"新自由主义的标志是信奉自由市场制度并认为社会应该像市场一样运作"（第 96 页）。因此，关注的重点从社会公正和教育平等转向了竞争、标准化和市场化。主张使用教育券、开办特许学校、对学生进行广泛的标准化测试（Au，2009），批评公立学校、教师和教育协会（Kumashiro，2012），支持教师认证速成改革，这些都是新自由主义在教育中的表现。

德国总理和英国首相曾公开批评本国的多元文化措施。2010 年 10 月在波茨坦召开的一次会议上，德国总理安格拉·默克尔（Angela Merkel）说："建立一个人们比邻而居、其乐融融的多元文化社会，这个方法已经失败了，而且是彻底失败了。"（Weaver，2010）英国首相戴维·卡梅伦（David Cameron）在 2011 年 2 月 5 日德国慕尼黑举行的一次会议上说，多元文化主义所鼓励的"隔离社区"是伊斯兰极端主义存活的土壤。他还说，英国和其他欧洲国家实行的"宽容不干涉"政策,实际上鼓励了穆斯林和其他移民群体"彼此分离,同时也远离主流社会"(BBC新闻,2011)。

美国新保守主义运动的一个重要表现是亚利桑那州通过、并于2011年1月1日生效的一个法案。该法案禁止"主要面向一个族裔群体学生"的民族研究课程,因为这类课程"鼓吹民族团结而不是将学生当作个体对待",或者教学生"对某个种族或阶层产生怨恨"(Liu,2012)。该法案针对的是图森联合学区被教师们称作"社会公正教育项目(Social Justice Education Project,SJEP)"的墨裔美籍研究课程(Cammarota & Augilera,2012)。州教育厅厅长约翰·胡本赛尔(John Huppenthal)认定,墨裔美籍研究课程教授的是"分化民族研究",因此违反了该州法律。亚利桑那州法院也支持他的裁定。不过,卡马罗塔(Cammarota)(转引自Sleeter,2011)进行的研究却表明,该课程对学生产生了积极的影响,包括降低墨裔美国学生的辍学率。卡马罗塔的研究还表明,第一年参加该课程的学生"绝大多数表示,这门课程让他们对自己的阶层、未来,以及是否去上大学有了更多的思考"(转引自Sleeter,第14页)。

2012年,布鲁斯·鲍尔(Bruce Bawer)在《受害者的革命:身份研究的崛起与自由精神的消亡》(*The Victims' Revolution: The Rise of Identity Studies and the Closing of the Liberal Mind*)一书中,再次对大学中的民族研究发起了攻击。安德鲁·德尔班科(Andrew Delbanco,2012)在《纽约时报书评》中对鲍尔的这本书进行了重要而又精彩的评论。他认为,虽然鲍尔对民族研究、女性研究和同性恋研究课程的批评有些许道理,但书中充斥着夸张和歪曲。德尔班科正确地指出,鲍尔对课程的批评已经过时了,而且有误导性,鲍尔已经被愤怒冲昏了头脑(第20页)。我们需要对中小学、学院和大学开设的民族研究和多元文化教育课程进行准确的描述。鲍尔等人的论述使注意力偏离了民族研究、女性研究和同性恋研究中的重要研究及成果。

3. 有关民族研究的争论

经常在媒体上论述教育及多样性问题的琳达·查韦斯(Linda Chavez,2010)在《达拉斯晨报》(*Dallas Morning News*)上的一篇社论中称,教师应该教美国历史，而不是民族研究。这种二分法是错误的，因为民族研究是美国历史的一个组成部分。如果不讲美国族裔群体对美国历史的塑造和影响方式，也不讲美国族裔群体和他们在美国的经历之间是怎样相互影响和被影响的，我们便不能准确地讲授美国历史。虽然奥斯卡·汉德林（Oscar Handlin, 1951/2002）的经典著作《离根者》（*The Uprooted*）没有论及非白人人种，但该书的副标题却是"缔造美利坚民族的伟大移民运动史话"（*The Epic Story of the Great Migrations That Made the American People*）。汉德林从讲述移民史出发，最后得出移民史就是美国历史的结论。

抛开族裔群体（白人和其他人种）的经历和视角来讲授美国历史，实际上是对美国历史的歪曲，这种情况过去经常发生，今天也依然存在。民族研究运动的出现，很大一部分原因是非白种人的角色被扭曲了，或是排除在美国历史之外（Takaki, 1993）。换句话说，民族研究运动的出现，是为了使"美国"历史成为"美国人"的历史，而不仅仅是盎格鲁裔美国人的历史。无论过去还是现在，非白人人种对美国的历史、文学和文化都有着深刻的影响。美国白人的历史和非白人人种的历史紧密而又错综复杂地交织在一起。托妮·莫里森（Toni Morrison, 1992）在《黑暗中的游戏：白人性与文学想象》（*Playing in the Dark: Whiteness and the Literacy Imagination*）一书中称，黑人在美国文学中一直都存在，即便是隐身的状态，因为纵观美国白人的历史，白人对自身的界定都是以黑人为对照的，黑人在白人建构美国人身份的过程中至关重要。莫里森称：

> 无论是从心知肚明的重大遗漏、紧张激烈的矛盾和极其微妙的冲突，还是从作家在作品中加入的非裔符号和人物，读者都可以看到或真实或虚构的非裔形象对他们认识自己的美国人身份是多么重要。这在作品中一目了然。（第6页）

查韦斯（Chavea, 2010）和格雷泽（Glazer, 1997）等民族研究批评者还认为，教师应当建立学生的美国人身份而不是他们的民族身份。这些批评者将帮助学生搞清楚自己民族身份的努力称作"身份政治"。主张我们应侧重发展学生的国民身份而不是民族身份，其实也是一种错误的二分法。我在研究中发现，文化身份、国民身份和全球身份之间是高度关联、错综复杂、动态变化且受制于语境的（Banks，2008；参见图2.1，第24页）。我和基姆利奇卡（Kymlicka，1995）、莱德森-比林斯（Ladson-Billings，2004）等其他公民教育理论家的研究都表明，如果民族国家不能反映其族裔及社区文化的重要特征，来自多元文化、民族、语言和宗教社区的学生便很难对民族国家产生高度的忠诚与认同。古特曼（Gutmann，2004）将这一现象称作"承认"，并认为学生需要先体验到公民平等、承认和宽容，才能发展出公民对民族国家的忠诚。

4. 多元文化教育与未来

尽管过去和现在都面临着诸多挑战，但必须承认自20世纪六七十年代民权运动兴起以来，多元文化教育取得了显著的成就。学科建设者们已经制定了目标、目的和方法，并且形成了高度的共识（Banks，2009a，2013）。大多数多元文化教育理论家都认同，多元文化教育的主要目标是对中小学、学院和大学进行重组，让所有学生都能掌握在一个民族和种族多元化的国家和世界中成功立足所需要的知识、态度和技能（Gay，2012；Nieto，2012）。在社会研究、领导学和特殊教育等其他跨学科研究领域，也一样存在着内部争论。这些争论符合学科的民主与多样性精神，是产生力量的源泉。

多元文化教育正成功地在全国的中小学、学院和大学中推行。从举办的国家会议和开设的教师教育课程数量上，就可以看出多元文化教育的成功，以及人们认识到了它的重要性。根据《劳特里奇国际多元文化教育指南》（*The Routledge International Companion to Multicultural Education*）（Banks，2009a）中众多不同国家的研究人员和学者的文献记载，多元文化教育在美国、加拿大、澳大利亚、中国和韩国等国家的教育机构中越来越制度化了。虽然这个过程很缓慢，有时还会引发争议，但多元文化内容正日益成为中小学、学院和大学核心课程的一部分。出版社的教科书也融入了民族和文化的内容与视角。2012年塞奇出版社（Sage）出版的《教育多样性百科全书》（*Encyclopedia of Diversity in Education*）是多元文化教育合法性增加和制度化的另一个重要标志（Banks，2012）。《教育多样性百科全书》有文字版和电子版，一共四卷，包含约700个带有交叉参照和推荐读物的署名词条，提供了研究与统计数据、案例研究、最佳实施范例、政策以及中小学与大学课程计划。该书是多元文化教育领域最全面的出版物。

多元文化教育虽然取得了突出的成绩，但也面临着重大的机遇和挑战。关于多样性的争论反映了美国社会中的价值困境和身份危机。由于社会边缘群体开始参与中心事务，并且要求变革美国、反映自身愿望，美国人的身份正在重塑。这些群体将在拯救美国和全球危机中贡献力量，因此对他们这些有利于实现种族和平的权力共享和转变身份的要求，将来人们可能会表现出尊重而不是恐惧。

随着美国、加拿大、法国、英国和韩国等国民族结构的持续深化，与民族和文化多样性相关的教育课程将不断出现并表现为不同的形式。多元民主社会中的新挑战也会层出不穷。这些挑战能在多大程度上转化为机会，将取决于每个国家教育工作者的视野、知识与责任感。我们必须在多元文化教育问题上表明立场，并确定在课堂上和学校中采取的相关行动。本书旨在帮助读者形成概念、了解采用哪些反思性行动可以让课堂和学校对所有学生表现出更多的人文关怀。

第二章　公民教育和全球时代的多样性

境内迁移和跨国移民是一个世界性现象。自民族国家（nation-state）[①]诞生之日起，人们的跨国迁移活动就开始了。然而，在世界历史上，不同种族、文化、民族、宗教和语言群体的境内和跨国迁移，从未像今天这么频繁和迅速，而且引起了那么多有关公民身份、人权、民主和教育的复杂而又棘手的问题。2008年，世界人口将近70亿，约2亿移民生活在非出生地国家，相当于世界人口的3%左右（De Blij，2008）。很多全球性趋势和发展变化对教育是帮助学生在一国立足的观念构成了挑战。这些趋势包括人们频繁地出入国境、欧盟允许在欧盟内部跨国流动，以及《世界人权宣言》（Universal Declaration of Human Rights）对人权的界定（Starkey，2012）。

世界各国的多样性特征日渐明显，人们也越来越认识到多样性的存在。二战后，大批人口为了改善经济状况，从亚洲和西印度群岛的前殖民地移居至英国（Tomlinson，2012）。20世纪60年代末以来，成千上万的人们为了寻求更好的经济机会移民到加拿大、德国、法国和荷兰，增加了这些国家的种族、文化、语言、宗教和民族多样性（Bauder，2011；Castles，2009；Joppke，2010；Schierup、Hansen & Castles，2006）。澳大利亚（Inglis，2009）、日本（Hirasawa，2009）和韩国（Moon，2012）也有许多前来

[①] 民族国家（nation-state）是以民族性来定义一个国家，是政体的一种形式，将民族认同感作为凝聚国家的力量。

寻求经济机会的移民，这些国家的种族、文化、语言、宗教和民族也因此变得更加多样。中国增加了对55个官方认定的少数民族的关注，为他们提供了更多的教育机会（Law，2011；Postiglione，2009；Teng & Zhu，2012）。

虽然美国自建国之日起就是一个多元社会，但直到1965年《移民改革法案》（*Immigration Reform Act*）颁布之后，其民族结构才发生了巨大的变化。19世纪末20世纪初，大多数抵美移民来自欧洲，今天则主要来自亚洲、拉丁美洲和加勒比地区。大批移民正在从墨西哥、加勒比地区、菲律宾、中国、韩国和印度涌入美国。美国目前正在经历自20世纪早期以来最大的移民潮（美国人口普查局，2012）。

根据美国人口普查（2010）的统计，2010年非白人人种在全国人口中的比例是36.3%，到2042年预计将达到50%（Mather，Pollard & Jackbsen，2011）。2011年，美国公立学校在校生中有46%是少数族裔（NCES，2012）。由于拉丁裔学生比例的增加（NCES，2012），少数族裔学生的比例仍在逐年攀升，美国学生使用的语言也更加多样。2010年，约19.8%的学龄人口在家里使用英语以外的语言（美国人口普查局，2010）。

美国和其他国家的宗教也呈现出更广泛的多样性。哈佛大学从事比较宗教和印度研究的戴安娜·艾克（DianaEck，2001）教授说，"美国是世界上宗教最多样化的国家"（第4页）。美国增长最快的宗教是伊斯兰教。美国新增的伊斯兰教徒中，差不多一半是后来皈依的，其中绝大多数是非裔美国人（Cesari，2004）。美国大多数穆斯林都来自不同的国家和民族（Cesari，2004）。

宗教是欧洲面临的一个主要问题，9·11和伊斯兰极端组织实施的其他恐怖活动发生之后，在宗教问题上产生的分歧也越来越大。穆斯林是"欧洲最大的少数宗教群体"（Cesari，2004，第9页）。法国、德国、英国、荷兰和希腊也有相当数量的穆斯林人口（Schierup，Hansen & Castles，2006）。伊斯兰极端分子制造的一系列恐怖活动，加剧了法国、英国和荷兰等西欧国家对伊斯兰极端主义的恐惧（van Driel，2012）。2001年9月11日之后，美国对伊斯兰极端主义的担忧也更加严重（King，2012）。

22

第二章　公民教育和全球时代的多样性

一　世界多样性的增加与公民教育

20世纪六七十年代少数族裔对权利的迫切要求、跨国移民的增多、国界的加强以及民族国家数量的增长，给全世界带来了复杂的多样性和公民教育问题。得到承认的民族国家数量不断增加。1990年有1.2亿人居住在非出生地或非国籍所在地国家，到了2000年这一数字增至1.6亿（Martin & Widgren，2002）。

跨国移民越来越多，人们逐渐意识到民主的民族国家内部存在着结构性不平等，对国际人权及其合法性的认识也日益增强（Starkey，2012），这些都给世界各国，尤其是西方民主国家，带来了复杂的公民和公民教育问题。西方世界尝试用他们设想的创造性可行战略来有效应对中东冲突、宗教激进主义和国内社会的民族抗议与暴力行为，结果却陷入了困惑和恐惧（Appadurai，2006）。美国人布鲁斯·鲍尔（Bruce Bawer，2006）1998年以来一直住在欧洲，他的警世之作《当欧洲入睡时：伊斯兰激进势力是如何从内部摧毁西方的》（*While Europe Slept: How Radical Islam Is Destroying the West from Within*）讲述了伊斯兰激进势力是怎样危害欧洲的。

宗教激进主义分子已经制造了多起爆炸事件，给全世界带来了恐慌，这些事件包括：2001年9月11日对五角大楼和世贸中心进行撞击，2004年3月11日西班牙马德里四辆通勤列车爆炸案，2005年7月7日伦敦交通系统爆炸案，以及2005年7月23日在埃及红海度假胜地沙姆沙伊赫发生的爆炸案。

我们生活在一个既危险又混乱、麻烦不断的世界，领导人、教育工作者和一线教师必须架起文化、种族和宗教之间的桥梁，想出新办法，发明新范式，进行自我转变并采取富有远见的行动。促进西方在16到20世纪期间崛起和成功的概念、范式与方案，在21世纪重新建立的新世界中已经失效了。

世界正在转变，用托马斯·L.弗里德曼（Thomas L. Friedman，2005）的话说，"世界是平的"。在弗里德曼描述的平面世界中，印度和中国等亚洲国家培养出来的科学家和技术人员，与美国、英国和其他西方国家大学培养出来的科学家和技术人员相比，已经不相上下，有时甚至更胜一筹。印度和中国等亚洲国家在科学和技术教育上取得的飞跃，使西方国家再也不能理所当然地认为他们的科学和技术独步天下了。美国学生在国际学生评估项目（Program for International Assessment，PISA）中的各项得分均低于许多其他国家。2009年的PISA结果显示，美国15岁组的"数学成绩在34个参加国中排名第25位，科学和阅读成绩处于中游，而中国上海的学生则高居各项榜首，人们不禁担心美国没有做好在全球经济中取胜的准备"（Hechinger，2010）。

1. 平衡统一性与多样性

多元文化社会都面临着民族国家的建设问题：既要反映和包含公民的多样性，又要有一套核心的、所有公民都为之努力的共同价值观、理想和目标（Banks，2011）。只有当民族国家统一在一套以公正、平等为核心的民主价值观周围时，才能保护各文化、民族、语言和宗教群体的权利，并让他们体会到文化民主与自由。加拿大政治理论家基姆利奇卡（kymlicka，1995）和纽约大学人类学家罗萨尔多（Rosaldo，1997）建构了多样性和公民身份理论。基姆利奇卡和罗萨尔多认为，在民主社会中，族裔移民群体应该既有参与国家公民文化的权利，也有保持自己文化和语言的权利。这个概念基姆利奇卡称作"多元文化公民身份"，也是罗萨尔多所说的"文化公民身份"，德雷斯勒（Drachsler）在1920年的著作中称之为"文化民主"。

世界上大多数国家都存在文化、民族、种族、语言和宗教多样性。各民主国家均面临的挑战之一是，既要将不同群体纳入结构，建设一个他们愿意效忠的国家，又要为这些群体提供保持社群文化的机会。维持多样性和统一性之间微妙的平衡应是民主的民族国家和民主社会教与学的基本目标（Banks et al.，2001）。抛弃多样性的统一性会导致文化压迫与霸权。缺少统一性的多样性会造成巴尔干化和民族国家的分裂，比如20世纪末伊拉克战争发生期间，教派冲突与暴力行为对这个脆弱国家所产生的威胁。民族国家在应对国内人口的多样性时，必须将统一作为一个重要目标。只有当人们统一在一套以公正、平等为核心的民主价值观周围时，国家才能保护少数群体的权利，让不同群体享有参与权（Gutmann，2004）。

由于世界各国种族、民族、文化、语言和宗教的多样性日益加深，21世纪的公民教育必须进行转变。多元民主社会中的公民应该既能有效参与共同的国家文化，又能保持对各自文化社群的依恋。多样性与统一性应共存于民主的多元文化民族国家并保持微妙的平衡。

法国、英国、荷兰、澳大利亚和日本等国家正在努力平衡统一性和多样性。法国禁止穆斯林女孩戴着头巾进入公立学校，因为戴头巾是宗教的象征。这是在法国融合（integration）概念语境下处理统一性和多样性问题的一次尝试，根据这个概念，平等意味着"应依法给予公民同等待遇……不因公民的种族、宗教或民族血统而有所区别"（Limage，2000，第74—75页）。但2005年法国发生的骚乱表明，法国的融合概念在现实世界中并不能有效地发挥作用（Lemaire，2009）。

许多阿拉伯人、穆斯林和黑人青年在法国遭到排挤。他们很难建立法国人身份，认为大多数法国白人公民并不把他们当作法国人。2005年11月7日，法国一群穆斯林男青年接受了美国公共电视台（PBS）的采访。其中一位男青年说："我有法国国籍，但到警察局去的时候他们根本不拿我当法国人。"阿卜杜勒·马利克（Abd Al Malik）是法国的一位著名说唱歌手和诗人，来自皈依了伊斯兰教的刚果移民家庭，2012年8月25日星期六那天的《纽约时报》上刊登了他的人物专访。他说，尽管他"认为自己骨子里是法国人"，却"仍然感到'深深的'、'不合理的'种族歧视"（Sayare，2012，第A7页）。他还说："法国的自我认识与法国现实之间确实存在一定的落差"（转引自Sayare，第A7页）。

法国人喜欢用融合一词替代种族关系或多样性，该词已经进入了法国的官方语言。融合概念的前提假设是，在融合的过程中差异会减少或者应该减少（Hargreaves，1995）。

2005年7月7日发生的伦敦地铁和公交车爆炸案，造成至少56人死亡，700多人受伤，在警方透露犯罪嫌疑人是伊斯兰极端分子人肉炸弹之后，欧洲对伊斯兰极端分子的恐惧也日渐加深。被指控参与爆炸案的男青年都是英国公民，显然他们与大多数英国主流白人公民之间缺乏认同感。

2. 定义公民身份与公民教育

公民在《韦氏英语百科全书词典（全本）》（*Webster's Encyclopedic*

Unabridged Dictionary of the English Language）（1989，第 270 页）中的定义是"效忠于本国政府并受政府保护的一国住民或自然人"。公民身份的定义是"被赋予了公民权利、特权和义务的状态"（第 270 页）。这两个简短的定义并没有体现出公民与公民身份在民主多元文化社会中所具有的深刻而复杂的含义，2002 年在意大利贝拉焦（Bellagio）举办了一场由华盛顿大学多元文化教育中心发起的多样性与公民教育会议，与会学者对这些含义进行了探讨（Banks，2004a）。

贝拉焦会议的与会学者认为，在一个民主的多元文化民族国家中，公民赞同公正、平等等核心国家理想，致力于维护和延续这些理想，并愿意和能够采取行动帮助缩小国家民主理想与社会、种族、文化和经济不平等之类有悖于国家理想的行为之间的差距（Banks，2004a）。因此，在一个民主的多元文化社会中，公民教育的一个重要目标是帮助学生掌握做出反思性决定、采取行动让民族国家变得更加民主与公正所需要的知识、态度和技能（Banks，2011）。

要想成为决策与行动成熟的公民，学生需要掌握社会科学知识，厘清自己的道德责任，找出备选行动方案，并且行事方式符合民主价值（Banks，2006c；Banks & Banks，1999）。古特曼（2004）称，民主的多元文化社会的特点是公民平等、宽容和承认。因此，多元文化社会中公民教育的一个重要目标是教人宽容并承认文化差异。古特曼将协商看作是多元文化社会民主教育的一个重要组成部分。巴西学者贡萨尔维斯·伊希尔瓦（Gonçalves e Silva，2004）称，民主社会中的公民不是只为自己的种族、社会或文化群体争取权利，而是努力提高全社会的福祉。她认为：

> 公民反对非正义行为不是为了突出自我或谋求个人利益，而是为了造福所有人。在完成粉碎特权、获得知识与能力、为众人谋福利的使命中，每个人都能成为公民。（第 197 页）

贡萨尔维斯·伊希尔瓦（2004）还指出，成为公民需要一个过程，教育在促进学生建立公民意识和公民机构的过程中，必须发挥重要的作用。她举出了一些具有说服力的例子，说明巴西土著人和黑人的孩子们是如何在社区学校中建立起公民意识和公民机构的。奥斯勒（Osler，2005）指出，学生不该仅仅是"准公民",而应在学校中对公民身份有所体验。

3. 关于公民身份的多重看法

墨菲重松(Murphy-Shigematsu,2004,2012)在讨论他的日本公民身份时,描述了像在日本这样的多元文化民族国家中公民身份识别是多么复杂且受环境的制约。在法律上成为一国公民并不一定意味着会被纳入主流社会及机构,或者被国家中大多数主流群体成员看作是本国公民。公民的种族、文化、语言和宗教特征往往会极大地影响其是否被所在社会视为公民。美国公民把出生于美国的亚裔美国人当作别国移民,这种事情并不稀奇。亚裔美国人有时会被人问起,"你是哪国人?"

布罗德金(Brodkin,1998)对民族-种族定位(ethnoracial assignment)和民族-种族身份(ethnoracial identity)的概念区分,有利于考察公民身份识别与公民教育之间的关系。她认为民族-种族定位是外人定义某一群体成员的方式。民族-种族身份则是个人如何"在民族-种族定位语境中"对自身的界定(第3页)。阿拉伯裔美国人是美国公民,对国家有着强烈的认同感,但有时很多美国同胞并不认为他们是美国人(Sensoy,2012)。

4. 贝拉焦多样性和公民教育项目

世界各国的多样性日益增强,各种族、民族、文化和宗教群体都要求获得文化承认和权利,因此公民教育需要进行重大变革(Banks,2004a,2011;Castles,2004,2009)。为了推进民主发展,响应多元文化国家中各文化、种族、民族、宗教和移民群体的需求,华盛顿大学多元文化教育中心实施了一个公民教育改革项目。

该项目的第一阶段便于2002年6月17至21日在意大利贝拉焦洛克菲勒基金会的研究及会议中心举办了一场名为"多元文化民族国家中的民族多样性和公民教育"的会议。这次会议得到了斯宾塞基金会和洛克菲勒基金会的支持,与会学者来自12个国家:巴西、加拿大、中国、德国、印度、以色列、日本、巴勒斯坦、俄罗斯、南非、英国和美国。

会议论文集结成册,书名为《全球视域下的多样性与公民教育》

(*Diversity and Citizenship Education: Global Perspectives*)（Banks，2004a）。贝拉焦会议的结论之一是，世界范围内的移民潮和政治经济全球化正在对民族国家和国家边界构成挑战（Banks，2004a）。同时，国家边界仍然顽固地存在着。世界上国家的数量非但没有减少，反而继续增加。联合国会员国的数量从 1950 年的 80 个增加到 2012 年的 193 个。在当今世界，全球化与民族主义是两股并存共生、但有时也相互冲突的趋势和力量（Banks et al.，2005）。因此，全世界的教育工作者应该重新思考、设计公民教育课程与计划。世界正在迅速地全球化，各民族、文化、语言和宗教群体也要求得到承认和接纳，公民教育应帮助学生掌握在本国和多样性国际社会中立足所需要的知识、态度和技能。公民教育还应该培养学生为改变世界、促进世界公正而采取行动的责任感。

贝拉焦会议的另一个结论是，在不同的国家，不同的社会、经济和政治背景下，公民身份和公民教育的定义与实施方法也有所不同（Banks，2004a；Osler，2012b）。世界各国都存在关于公民身份和公民教育的争论。然而，也有一些大家共同认可的观念和面临的问题，比如需要帮助各国学生做好在本国、本文化以及跨国、跨文化环境下立足的准备。会议还认为，应该建立一个国际组织，找出各国面临的共同问题并制订处理问题的准则。

5. 民主与多样性

华盛顿大学多元文化教育中心响应贝拉焦会议的建议，在芝加哥斯宾塞基金会和华盛顿大学的支持下，创建了国际共识小组（International Consensus Panel）。共识小组制定了四条原则，并找出了 10 个适应全球化时代民主和多样性要求的公民教育概念。该小组的报告名称是《民主与多样性：全球性时代公民教育的原则和概念》（*Democracy and Diversity: Principles and Concepts for Educating Citizens in a Global Age*）（Banks et al.，2005）。这些原则和概念如表 2.1 所示。报告全文可以从 http://education.washington.edu/cme/demdiv.htm 下载 PDF 文件。

第二章　公民教育和全球时代的多样性

表 2.1　全球性时代公民教育的原则和概念

原则

第一部分　多样性、统一性、全球互联性和人权

1. 学生应该了解本地社群、国家和世界之间复杂的统一性与多样性关系。
2. 学生应该了解所在社群、国家和地区的人们与世界上其他人之间日益增强的依存关系，以及与世界各地发生的经济、政治、文化、环境和技术变化之间的关联。
3. 多元文化国家的人权教学应加强公民教育课程与计划。

第二部分　体验和参与

4. 应该教授学生有关民主和民主制度的知识，并为他们提供实践民主的机会。

概念

1. 民主
2. 多样性
3. 全球化
4. 可持续发展
5. 帝国、帝国主义、权力
6. 偏见、歧视、种族主义
7. 移民
8. 身份/多样性
9. 多重视角
10. 爱国主义和世界主义

资料来源：J. A. Banks et al.（2005），《民主与多样性：全球化时代公民教育的原则和概念》，西雅图：华盛顿大学多元文化教育中心，已获转载许可。

《民主与多样性》的结论之一是，多样性描述了多元文化民族国家中各群体内部以及群体之间广泛的种族、文化、民族、语言和宗教差异。这本书对多样性提出了全面的看法，指出多样性涉及多个变量，如种族、性别、社会阶层、宗教等，各变量之间存在着复杂的交互关系而且高度关联。因此，一名学生可能同时是女性、墨西哥裔美国人、天主教徒、出身于工人阶层家庭。这些群体身份当中的每一项都会影响她的行为。但是，这些变量如何影响她的行为会随着具体的情境而变化。例如，在家庭和社群中，族群对她行为的影响可能比她在学校时更大。图 1.2 说明了多样性各变量之间的动态关系。

6. 同化主义理论与公民教育

20世纪六七十年代民权运动兴起之前，同化主义公民教育观在美国和其他西方国家大行其道，认为不同群体学生的社群文化和语言都要予以清除。同化主义公民教育的一个后果是，许多学生失去了他们原来的文化、语言和民族身份（Wong Fillmore，2005）。有些学生还与自己的家庭和社群产生了疏离。另一个后果是，很多学生在国家公民文化中遭到了社会与政治排挤，比如今天法国和英国的许多穆斯林青年（Osler，2012a）。

识别度高的种族群体的成员常常在自己的社群文化和公民文化中都遭到边缘化，因为无论在哪种文化中他们都不能成功立足。就算他们学会了主流强势文化的语言与文化，也往往因为自身的种族特征得不到主流结构的接纳，不能充分参与公民文化（Leonardo，2012）。要想把民主和人权内化为学生的理想，教师和学校必须施行民主，保障人权。本书中采用的民主概念除了政治民主和经济民主之外，还包括文化民主。文化民主意味着学生有权在学校中表现自己的文化身份，使用自己的母语。

想让学生形成民主的态度、学会如何实践民主，作为微观社会的学校和课堂就必须对民主和社会公正做出示范。杜威（Dewey，1959）指出，"一切真正的教育都是从体验中学习的"（第13页）。然而，世界各国必须做出很多努力，才能使民族国家中的学校和教师在课程、教材、态度、期望和行为中真正实现民主与社会公正。

民主的多元文化民族国家必须寻找途径，帮助学生成熟地平衡对文化社群、民族国家和全球社会的依恋与认同。欧盟和亚洲某些地方的例子表明，这对公民形成区域认同也十分重要。民族国家一般都没有帮助学生在各种认同感之间建立微妙的平衡，相反，他们只重视对国家的认同，忽略了学生的社群文化以及在相互依存的全球世界中立足所需要的知识和技能。

世界各国的国家主义者和同化主义者担心，如果帮助学生对其文化社群形成认同和依恋，他们对国家的依恋就不会那么强烈了。基姆利奇卡（kymlicka，2004）指出，国家主义者持有一种"零和身份概念"（zero-sum conception of identity）（第xiv页）。努斯鲍姆（Nussbaum，2002）认为，对国家主义的强调可能会妨碍学生信奉人权、社会公正等超越国界、文化和时代的世界主义价值观。努斯鲍姆称，我们应该帮助学生形成世界主义观。

7. 世界主义与地方身份

世界主义者将自己看作世界公民。努斯鲍姆（Nussbaum，2002）指出，他们"效忠的是全世界的人类社会"（第4页）。她将世界性的普遍主义和国际主义与狭隘的民族中心主义和内向型的爱国主义进行了对比。但是，她也指出，"一个人要成为世界公民，并不需要放弃地方身份，地方身份是其丰富生活的源泉"（第4页）。

另一位世界主义的拥护者阿皮亚（Appiah，2006）也认为地方身份十分重要。他写道：

> 我父亲在留给我们兄弟姐妹的最后一封信中写道，"记住，你们是世界公民。"作为当年黄金海岸上独立运动的领袖，他从不认为地方偏好和普遍道德之间有冲突，作为家乡的一分子和成为广大人类社会的一分子之间有矛盾……
>
> 我母亲是英国人，在加纳已经生活了半个世纪，她既与英国的家庭紧密相连，又深深扎根于加纳。在这样的父母的养育下，我对家庭和部落的感觉总是复合的、重叠的，似乎没有比这更常见的事情了。（第xviii页）

身份不是静态的、一成不变的，而是复合的、变化的、重叠的，并且受环境的制约。多元文化的身份观念是，依恋自己的社群文化、语言和价值观，并对这种依恋有着清醒和成熟认识的公民，比那些失去了文化依恋的公民，更容易对所在的民族国家形成反思性认同（Banks，2004b；Kymlicka，2004）。他们也更可能在全球社会中成为有效发挥作用的公民。然而，民族国家必须进行结构改革，减少结构性不平等，让处于社会边缘的公民表达他们的希望、梦想和愿景并使其合法化，这样他们才能对民族国家及国家目标产生强烈而又清醒的责任感。

8. 建立文化认同、国家认同、区域认同和全球认同

世界多样性日益增强，边缘群体要求得到文化承认和文化权利，这些都

使同化主义的公民身份观失去了效用。多元文化公民身份对今天的全球化时代非常重要（Kymlicka，1995；Uberoi & Modood，2012）。它承认公民有权且需要保持对文化社群和国家公民文化的双重忠诚，并承认其合法性。只有当国家公民文化转变方式，反映构成国家公民文化的不同民族、种族、语言和宗教社群的声音，才能被全体公民视为合法（Banks，2004b，2011；Kymlicka，1995）。只有到那时，公民才会对民族国家和国家理想产生清醒的责任感。

学生应该在文化、国家、区域和全球认同与忠诚之间保持微妙的平衡（见图2.1）。公民教育应该帮助学生对文化社群和民族国家形成成熟而又清醒的认同（Banks，2004b）。

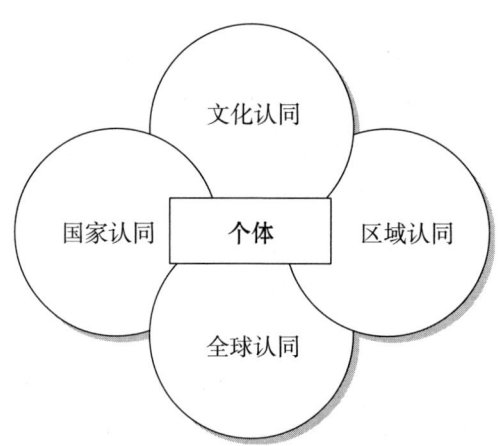

图2.1　文化认同、国家认同、区域认同和全球认同

资料来源：改编自J.A.班克斯编著（2004），《全球视域下的多样性与公民教育》，圣弗朗西斯科：乔西·巴斯（Jossey-Bass）出版社，已获转载许可。

区域认同对居住在欧盟（Osler，2012b）和亚洲（Lee，2012）等地的学生尤其重要。公民教育也应该帮助学生建立清醒的全球认同，深入理解自己在世界社会中的作用。学生需要知道本文化社群和国家中的生活是如何影响其他国家的，国际事件对他们的日常生活又产生了怎样的重要影响。全球教育的主要目标应该是，帮助学生了解世界各国相互依存的关系，弄清对待其他国家的态度，并建立对世界社会的反思性认同。我对全球认同的观点类似于努斯鲍姆（Nussbaum，2002）和阿皮亚（Appiah，2006）给出的世界主义定义。

不加反思与审视的文化依恋，可能导致国家缺乏凝聚力，缺少明确的国家目标和政策（Banks，2004b）。虽然我们需要帮助学生反思、认清文化认同，但也必须帮助他们厘清对国家的认同。然而，盲目的国家主义可能会阻碍学生建立积极的、反思性的区域与全球认同（Westheimer，2012）。大多数国家都存在着强烈而持久的国家主义和对国家的依恋情绪。公民教育的一个重要目标应是帮助学生建立全球认同。学生还需要深刻理解作为全球公民采取行动帮助解决全球难题的必要性。在文化、国家、区域和全球层面获得经验、建立认同，四者之间是动态交互且彼此关联的（Banks，2004b）（见图2.1）。

一个民族国家，如果没有将所有文化群体都纳入国家文化结构，就有可能导致异化，致使各群体只关注各自的具体问题，不关注国家的整体目标与政策。要形成反思性的文化以及国家、区域和全球认同，学生必须掌握在各群体内部以及群体之间立足所需要的知识、态度和技能，并培养让国家和世界变得更加正义和人性化的责任感。

教师可以通过承认学生的母语与文化，或者帮助他们找出其民族和文化群体对美国国家文化的影响方式，在帮助学生平衡对文化、国家和全球的认同与依恋中发挥重要作用。教师还可以通过帮助学生了解与世界各国人民的联系（即使他们从未去过社区或城市以外的地方），或者描述全球化对家人工作、日常饮食和使用技术所产生的影响，帮助学生成为真正的全球公民。教师可以创造性地使用媒体，让学生与世界各地的人们建立起联系。

第三章 维度与学校特征

无论是内部还是外部，多元文化教育运动都持续受到一个问题的困扰，即公众、教师、管理人员和政策制定者往往将多元文化教育的概念过度简单化。多元文化教育错综复杂、涉及多个维度，然而媒体评论员和教育工作者往往只关注众多维度中的一个。有些教师认为多元文化教育不过是将与族裔群体相关的内容纳入课程，有些教师将其等同为减少歧视，还有些教师认为是庆祝民族节日和纪念民族事件。一些教育工作者认为，多元文化教育是一场缩小主流白人学生和低收入非白人学生之间成绩差距的运动。有一次，我去一所学校做报告，在我描述完多元文化教育的主要目标之后，一位数学老师跟我说，我所说的适用于教授语言技能和社会学科的教师，跟他这样的数学教师没什么关系。他说，毕竟数学就是数学，与学生的肤色无关。

一 多元文化教育的维度

那位知名私立学校令人尊敬的老师的发言，引发了我对理论家们建立起来的多元文化教育观念的深入思考。那位老师认为多元文化教育只是内容的整合，对于这种狭义的理解我们是否负有部分责任？正是在回应一线教师的这类言论中，我形成了多元文化教育维度的概念。在本章中，我使用维度来描述多元文化教育的主要构成，以及在过去二十年中的重要发展（Banks，2004c）。多元文化教育的维度包括：(1) 内容整合，(2) 知识建构过程，(3) 减少歧视，(4) 平等教学法，(5) 赋予学生权利的学校文化和社会结构。（见图3.1）

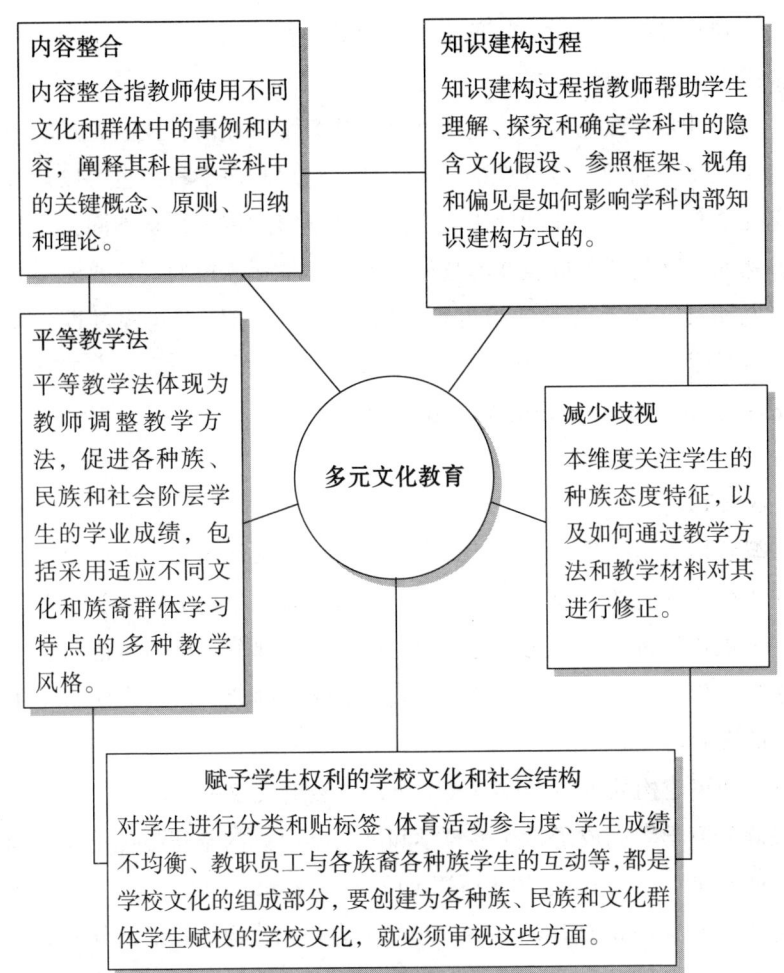

图 3.1 多元文化教育的维度

资料来源：J.A. Banks, Ed.(2006)，《文化多样性与教育：基本原理、课程与教学》（*Cultural Diversity and Education: Foundations, Curriculum, and Teaching*）（第 5 版），波士顿：皮尔森（Pearson）出版社，第 5 页，已获转载许可。

1. 内容整合

内容整合指教师在讲解其科目或学科中的关键概念、原则、归纳和理论时，从不同文化和群体中寻找事例、数据和信息的程度。在许多学区还有大众读物中，多元文化教育仅仅（或主要）被视为内容整合。这种狭隘的多元文化教育观是导致生物学、物理学、数学等学科的很多教师认为多元文化教育与他们无关,也与他们的学生无关的一个主要原因。

事实上,多元文化教育的这个维度与社会学科和语言技能教师的相关性可能确实大于与物理和数学教师的相关性。物理和数学教师也可以在科目中插入多元文化的内容,比如使用非白人物理学家的传记,从不同文化群体中举例。然而,这类活动可能并不是科学和数学教师承担的最重要的多元文化任务。与多元文化教育其他维度相关的活动,比如知识建构过程、减少歧视和平等教学法,可能是科学和数学教师参与多元文化教育最有成效的领域(Lee & Buxton, 2010; Nasir & Cobb, 2007)。

2. 知识建构过程

知识建构过程是描述社会、行为和自然科学家创建知识的过程,以及一门学科中的隐含文化假设、参照框架、视角和偏见影响学科内部知识建构的方式。知识建构过程是多元文化教学的重要组成部分。教师要帮助学生理解知识是如何创建的,以及如何受到个人和群体的种族、民族、性别和社会阶级立场的影响。

有关知识建构的重要里程碑式工作,已经由女权主义社会科学家和知识论及民族研究学者完成了。从事哲学和社会学研究的桑德拉·哈丁(Sandra Harding, 1998, 2012)、洛林·柯德(Lorraine Code, 1991)和帕特里夏·希尔·柯林斯(Patricia Hill Collins, 2000)为知识建构贡献了部分最重要的成果。哈丁、柯德和柯林斯等学者在知识建构领域所做的研讨,虽然在学者和课程开发人员中间影响颇大,却被大众媒体上关于对立规范的辩论掩盖了光芒。这些作者和研究者向实证主义者持有的知识与价值观无关的言论发起了严肃的挑战,并描述了知识的陈述受知识创造者的性别和民族特征影响的方式。这些学者认为,我们应该识别、讨论并考察知识创造者的个人利益和价值假设。

柯德(1991)指出,知识创造者的性别具有重大的认识论意义,因为知识是主观与客观的统一,两个方面都应该得到承认并予以讨论。非裔美国社会学家柯林斯(2000)通过描述种族和性别交互影响知识建构的方式,对柯德（1991）和哈丁（1991，2012）等人的著作进行了扩展和丰富。柯林斯将非裔美国女性的视角称作"内部的局外人视角"。她称：

> 作为内部的局外人，黑人女性对主流群体的行动与意识形态之间的矛盾持有不同的看法。（第11页）

课程理论家、多元文化教育学者和历史学家们正在建立和发展将女权主义和民族研究知识论者的成果应用到课堂中去的途径。我的著作《民族研究教学策略》(Teaching Strategies for Ethnic Studies)（Banks，2009b）包含了针对非裔、墨西哥裔、亚裔和欧洲裔美国人等各族裔群体的教学概念和改革课程。反思学校有限公司（Rethinking Schools, Ltd.）是教师们在密尔沃基成立的一个非营利性教育出版社。该社出版了大量帮助教师了解多样性概念和教学课程改革的图书，包括《反思课堂：公平、公正的教学》(Rethinking Our Classrooms: Teaching for Equity and Justice)第一卷（Au, Bigelow & Karp，2007）和《反思全球化：不公正世界中的公正教学》(Rethinking Globalization: Teaching for Justice in an Unjust World)（Bigelow & Peterson，2002）。洛温（Loewen）出版了四本采用不同视角看待美国种族问题的著作，对教师有很强的实用性：《老师告诉我的谎言：美国历史教科书中的错误》(Lies My Teachers Told Me: Everything Your American History Textbook Got Wrong)（Loewen，1995）、《遍布美国的谎言：历史古迹中的错误》(Lies Across America: What Our Historic Sites Get Wrong)（Loewen，1999）、《日落城镇：美国种族主义的一个隐性维度》(Sundown Towns: A Hidden Dimension of American Racism)（Loewen，2005）、《真相教学：如何避免教科书专制并让学生对创造历史感兴趣》(Teaching What Really Happened: How to Avoid the Tyranny of Textbooks and Get Students Excited About Doing History)（Loewen，2010）。

3. 减少歧视

多元文化教育的减少歧视维度，描述儿童的种族态度特点以及帮助儿童形成更加积极的种族与民族态度的策略（Aboud，2009；Stephan & Mealy，2012；Stephan & Vogt，2004）。20世纪60年代以来，社会学家们对于儿童的种族态度是如何形成的，教育工作者可以怎样设计干预措施、帮助儿童对其他种族群体产生更加积极的情感这些问题已有了深入的了解。斯蒂芬和沃格特（2004）、斯蒂芬和米利（2012）、斯蒂芬和斯蒂芬（2004）对儿童的种族态度研究及帮助学生形成民主的种族态度与行为的策略研究进行了广泛的讨论。

对儿童种族态度的研究显示，非裔、白人和墨西哥裔美国儿童在4岁以前就能意识到种族的差异，而且种族偏好一般都倾向于白人。如果能在教材中自然、持续地融入各种族和族裔群体的真实形象，将有助于学生形成更加积极的种族态度。让学生与其他种族群体的学生一起开展代入式或合作性学习，也会使他们的种族态度和行为变得更积极。克罗斯（Cross，1991）和赖特（Wright，1998）等研究人员对非裔美国儿童对自己和其他非裔美国人持消极态度的研究结论提出了质疑。本书第八章的第二部分将对儿童的种族态度、帮助学生形成积极种族态度的策略，以及减少学生偏见的指导原则等相关研究进行讨论。

4. 平等教学法

平等教学法体现为教师调整教学方法，促进、提高不同种族、民族和社会阶层学生的学业成绩。采用适应不同群体学习与文化特征的教学技巧（Au，2011；Boykin，2012；Gay，2010；Moll & Spear-Ellinwood，2012）以及实行合作性学习（Horn，2012；Lotan，2012），是教师们发现与不同种族、民族、阶层和语言群体学生有效相处的一些干预手段。

教师如果想增加所有学生的学习机会，就必须了解教与学的社会和文化背景（Au，2011；Lee，2007）。虽然学生不仅仅是所在文化的产品，与自身文化的认同程度也有所不同，但是族裔群体总是具有某些独特的文化行为（Au，2011；Boykin，2012）。为了保证教学效果，教师需要了解学生独特的背景，并运用技巧将知识转化为有效的授课（Gay，2010；Ladson-Billings，1994）。

研究表明，教师可以通过改变授课方法，依赖学生的文化优势，提高来自不同种族、文化和语言群体学生的课堂参与水平和学业成绩。一些研究的结果也支持了教师使用文化适应教学法会提高各群体学生的学业成绩这一假设。奥和川上（Kawakami，1985）发现，当教师在课堂上使用与夏威夷"讲故事"形式类似的参与结构时，夏威夷土著学生的阅读成绩会显著提高。他们称：

> 讲故事的主要特征是<u>协作完成</u>，或者说是两个或多个叙述者合作互动的产物。例如，大家在聊冲浪的话题，一个男孩率先回叙起某一天发生的事情，很快他会邀请另一个男孩和他一起为大家描述。两个男孩会交替发言，每人讲一部分，其他在场的孩子也会偶尔插言。（Au & Kawakami，1985，第409页；强调符号沿用原文）

讲故事与大多数课堂上进行的复述有很大差别，复述时教师通常要求每个孩子都讲一个故事。

李（2007）发现，当文学阐释课使用的文章含有非裔美国人的言语对骂游戏（<u>signifying</u>）时，非裔美国学生的成绩会有所提高。对骂是非裔美国英语（或埃伯尼语）中一种说话人相互戏弄和侮辱的言语行为。

5.赋予学生权利的学校文化和社会结构

赋予学生权利的学校文化和社会结构描述如何重组学校文化和机构，让不同种族、民族、语言和社会阶层群体的学生都能体验到教育公平和权利的过程。多元文化教育的这一维度将学校看作一个变化的单位，强调对学校环境进行结构性变动，让来自所有群体的学生享有平等的获得成功的机会。如果学校想要创建一个为各群体学生赋权且有利于学生提高的学校文化和社会结构，那么建立对所有群体都公平的评测手段（Kornhaber，2012；Shepard，2012；Taylor & Nolen，2012），取消分层教学（Watanabe，2012），在学校教职人员中建立无论来自哪个种族、民族或社会阶层群体的学生都具有学习能力的准则，都将成为学校的重要目标。

二 多元文化学校具备的特征

要实施全方位的多元文化教育，学校和其他教育机构必须进行改革，让来自所有社会阶层、种族、文化、性别和语言群体的学生都享有均等的学习和体验文化赋权的机会（Banks & Banks，2013）。教育机构也应帮助所有学生学习在跨文化情境下立足所需要的民主价值观、信念、行动、知识、技能和态度。

表 3.1　多元文化学校具备的八个特征

1. 教师和学校行政人员对所有学生都抱有很高的期望，对他们持正面态度，并给予积极、关怀的回应。
2. 正式课程反映了各文化、各族裔群体及两性群体的经验、文化和视角。
3. 教师采用的教学风格适应学生的学习特点、文化特点和学习动机特点。
4. 教师和行政人员对学生的母语和方言表现出尊重。
5. 学校使用的教学材料从不同文化、民族和种族群体的视角呈现事件、形势和概念。
6. 学校使用的评价和测试程序具有文化敏感性，能保证非白人学生在天才超常班中占有适当的比例。
7. 学校文化与隐性课程反映了文化和民族多样性。
8. 学校辅导员对来自不同种族、民族和语言群体的学生都有很高的期望，并帮助这些学生制定、实现积极的职业目标。

实施全方位的多元文化教育，需要对学校的哪些部分进行改革呢？实行了全方位改革的学校具有表 3.1 中列出的八个特征。因此，学校改革应针对以下变量：

1. 学校教职员工的态度、观点、信念和行动。研究表明，教师和管理人员对使用少数族裔语言的学生、低收入家庭学生和非白人学生的期望往往比较低（Gándara & Hopkins，2010；Gay，2010；Green，2012）。在重组后的多元文化学校中，教师和管理人员对所有学生都有很高的学业期望，并相信所有学生都具有学习的能力（Au，2011；Howard，2010；Nieto，2010；Sensoy & DiAngelo，2012；Sizemore，2008）。

2. 正式课程体系与学习课程。大多数学校的课程体系对许多概念、事件和形势的描述是从主流美国人群的视角出发的（Au，2012a；Banks，2009b）。经常将非白人人种、女性和 LGBT 学生的经验边缘化（Kavanagh，2012）。多元文化教育改革课程的目的是，让学生从不同种族、民族、语言、性别和社会阶层群体的视角来看待事件、概念、话题和问题（Au，2012a；Banks，2009b）。在重组后的多元文化课程体系中，男性视角、女性视角以及 LGBT 人群的视角都同样重要（Mayo，2013）。

3. 学校偏爱的教学特征、学习特征及文化特征。研究表明，大量低收入群体、少数语言群体、拉丁裔、原住民和非裔美国学生的学习特征、文化特征和动机特征，与学校中最常使用的教学方式格格不入（Au，2011；Lee，2007）。如果使用合作而非竞争的教学手段，这些学生的学习效果往往最佳（Horn，2012；Lotan，2012）。当明确了学校规则、学习效果和期望时，他们中许多人的学习效果也最好（Delpit，2012；Heath，2012）。

4. 学校中使用的语言和方言。很多学生在学校里讲的是不同于标准英语的语言或英语方言。虽然为了能成功地在更广泛的社会中立足，所有学生都必须学习标准英语，但是学校应该尊重学生的母语和他们说的英语变体（Gándara & Hopkins，2010；Valdés、Capitelli & Alvarez，2011）。许多非裔美国学生在学校里讲的是语言学家所说的埃伯尼语，或"黑人英语"（Alim & Baugh，2007；Hudley & Mallinson，2011）。在重组后的多元文化学校中，教师和管理人员不仅尊重学生在学校里所说的语言和英语方言，而且将学生的母语和方言用作帮助他们学习标准英语的媒介（Varghese & Stritikus，2013）。

5. 教学材料。教科书和其他教学材料中存在或隐藏着很多偏见。这些材料往往排斥非白人人种、少数语言群体、女性和低收入人群的经验，只关注主流社会男性成员的视角（C.A.M.Banks，即将出版）。重组后的多元文化学校会对教学材料进行改革，从不同民族和文化的视角描述事件（Au，2012a；Banks，2009a，b）。此外，还要让教师和学生学会识别和挑战所有材料中的偏见与假设。

6. 评价与测试程序。智商和其他智力测试的结果往往导致非白人学生、低收入家庭学生和少数语言群体学生在智力迟缓班中的比例过高，而在天才超常班中的比例过低（Ford，2013）。智力发育超常和迟缓在各人口群体中是随机分布的。因此，重组后的多元文化学校会采用文化上公平、公正的方式来评估来自不同文化、种族和语言群体的学生（Taylor & Nolen，2012；

Shepard，2012）。在重组后的多元文化学校中，非白人学生和少数语言群体学生在天才超常班中占有适当的比例（Ford，2013）。他们不会大量集中在智力迟缓班（Huber，Artiles & Hernandez-Cara，2012；Richman，2012）。

7. 学校文化和隐性课程。隐性课程被定义为没有教师明确授课但所有学生都学习的课程。杰克逊（Jackson，1992）将隐性课程称作"非授课课程"。学校对文化和种族多样性的态度在学校文化中会有许多微妙的体现，比如公告板上的各种图片，学校教职员工的种族构成，处理不同种族、民族、文化和语言群体学生违纪和开除的公平程度。多元文化教育对学校的整体环境进行改革，即使是隐性课程也传递着重视并欢迎民族、文化和语言多样性的信息。

8. 咨询项目。在多元文化教育开展得好的学校中，辅导员会帮助来自不同文化、种族、民族和语言群体的学生做出有效的职业选择，并选修从事这些职业所需要的课程（Kim & Sue，2012）。具有文化适应性的辅导员们还会帮助学生超越自我、勇于梦想、实现梦想。

多元文化教育工作者认为，如果在学校环境中针对上述八个变量进行改革和重组，实施全方位的多元文化教育，不同群体的学生将取得更好的学业成绩，所有群体学生的群际态度、信念和行为将会变得更加民主。

第四章 课程变革

区分课程引入与课程变革非常重要。如果只在课程中引入民族和性别的内容而不进行课程变革,学生们还是会从西方传统规范的视角和概念框架出发来理解各文化群体和女性的经历(Au,2012a;Nussbaum,2012)。结果,课程中虽然加入了与美国原住民、亚裔、拉丁裔美国人等群体相关的内容,但视角仍是主流历史学家和社会学家的视角。没有进行变革的课程引入,即使并入了女性内容,也是从主流男性的视角进行解读的。像"西进运动"、"欧洲发现美国"、"男性拖家带口奔赴西部"这样的概念仍会原封不动地保留下来。

如果进行课程变革,学生和教师就会转变范式,从不同种族、民族、文化和性别群体的角度解读美国和世界历史。哥伦布抵达美洲大陆不再是"发现",而是一场给泰诺人(阿拉瓦克人)、欧洲人和非洲人带来不同后果的文化接触或相遇(Bigelow & Peterson,2003)。在变革后的课程中,西方女性的历史不再是男性经历的附属品,而是"通过女性的眼睛"看到的历史(Armitage,1987;Limerick,1987)。

本章讨论对多元文化教育目标的误解,描述多元文化教育的目标与挑战,并陈述变革多元文化课程的理据。多元文化教育的重要目标是帮助教师和学生转变思想,重新认识美国和世界的性质与发展,培养他们致力于促进美国和世界民主与公正的责任感。

一　多元文化教育的含义与目标

无论是教育工作者还是普罗大众，对于多元文化教育的含义都存在很多误解。这些群体对多元文化教育的含义有不同的看法，有人认为是了解其他地区人们的教育，也有人认为是多教非裔美国学生他们自己的传统，少教美国式的西方传统。一位国民教育刊物的编辑曾问过我一个问题："多元文化教育、民族中心主义教育和全球教育有什么区别？"后来在一次电话采访中，我才意识到那位编辑本来想说的是"非洲中心主义教育"（Afrocentric education），而不是"民族中心主义教育"（ethnocentric education）。对她来说，这些术语都是同义词。专业的编辑尚如此，大众对多元文化教育含义的误解由此可见一斑。

在解决这个由多元文化教育的多重含义引发的问题之前，我们需要深入地了解问题的起因。多元文化教育含义混乱的重要原因之一在于，该词即使在专业文献中也出现了多重含义。斯利特和格兰特（Sleeter and Grant, 1997）对多元文化教育文献进行了全面梳理，发现该词的含义多种多样，各种定义唯一的共同点是为提高非白人人种学生的学业成绩而进行改革。

为了推动多元文化教育的发展，消除多元文化教育的歧义，学者们需要提高对多元文化教育含义的共识。学术界对多元文化教育含义的看法正在趋于一致。学者们一致认为，多元文化教育的一个重要目标是促进针对某些群体学生的教育公平，包括来自不同民族、文化（Banks, 2013; Nieto, 2012）、社会阶层（Weis & Dolby, 2012; Weis, 2013）和语言群体（Gándara & Hopkins, 2010年）的学生，女性学生、男性学生，女同性恋、男同性恋、双性恋和变性人（LGBT）学生（Mayo, 2013）以及特殊学生（Friend, 2012）。多元文化教育的一个主要假设是，有些群体的学生，由于自身文化的特点更符合学校的文化、规范和期望，与自身文化不太符合学校文化的学生相比，更有机会在学业上获得成功。比如，来自低收入家庭的非裔美国男性往往比出身中产阶级家庭的白人男性在学校中遇到更多的问题（T.C.Howard, 2012）。

多元文化教育的目标之一是促进面向不同群体学生的教育公平，因此，要实现多元文化教育，学校的重组至关重要。如果要重组学校、为所有学生提供平等的学习机会，就必须从根本上改变学校内部的某些重要假设、信念及结构。包括改变分层教学及智力测试的解读与使用方式（Shepard, 2012;

Taylor & Nolen，2012；Watanabe，2012）。要重组学校、实现多元文化教育，还必须将关于学生学习方式与人类能力（Shearer，2012），以及知识性质的新范式制度化。教师必须相信，所有学生，无论来自哪个社会阶层或族裔群体，都有学习的能力，并且知识是以社会、政治和规范性假设为基础的社会建构过程（Bailey & Cuomo，2008；Harding，1998；Hartsock，1998）。学校实施多元文化教育是一个持续的过程，不是在几周或几年内就能实现的。多元文化教育的实施需要学校长期的改进和重组。

多元文化教育的另一个重要目标是，帮助包括白人主流学生在内的所有学生掌握将来在美国社会生存并有效发挥作用所需要的知识、技能和态度，到2042年大约半数美国人口将是非白人人种（美国人口普查局，2010）。对于多元文化教育的这一目标，该领域的权威学者已经形成了广泛的共识，但是许多教师、记者和公众仍然缺乏理解和认识。如果不帮助学生掌握在未来多元文化社会和世界中立足所需要的知识和技能，我们这个强大的民主国家的生存将受到严重的威胁。小马丁·路德·金（Martin Luther King, Jr.）曾掷地有声地指出，"我们要么像兄弟姐妹一样生活在一起，要么像陌生人一样形如陌路、各自灭亡"（King，1987）。

多元文化教育的这一目标类似于全球教育的一个重要目标：帮助学生培养在他国文化中的跨文化能力，并能洞察和理解地球上所有人的命运都是高度关联的（Banks et al.，2005）。相对而言，能够理解国内不同文化、并与之产生共情的公民，更能在国外文化中成功立足。

虽然多元文化教育和全球教育有一些共同的重要目标，但在实践当中，全球教育可能会对美国种族与文化多样性教学形成阻碍。有些教师讲起墨西哥来得心应手，可在讲解生活在本市或本州的墨西哥裔美国人时，却很不适应。还有些教师和出版社将多元文化教育和全球教育混为一谈。虽然多元文化教育和全球教育的目标是相辅相成的，但仍需要对二者的概念与实践加以区别。

二 多元文化教育面向所有学生

我们需要认真思考为什么多元文化教育工作者没能更有效地向教师、记者和公众传递多元文化教育不仅关系到非白人学生和不同语言群体学生，还关系到白人主流学生的理念。人们同样也没有广泛认识到，许多旨在提高少数族裔和语言群体学生学业成绩的改革，比如关注学生的学习特点并采用合作性学习的教学方法，也会帮助白人主流学生提高学业成绩，建立更加积极的群际态度和价值观（Gay，2012；Horn，2012；Lotan，2012）。

将多元文化教育视为一项面向所有学生的策略十分重要。美国的学校没能达到期望，帮助所有学生做好在高度技术化的后工业社会中立足的准备（Darling-Hammond，2010）。由于各种复杂的原因，多数非白人学生（华裔、日裔等部分亚裔美国学生属于例外，这一点很重要）和低收入家庭学生，与白人中产阶级家庭的学生相比，学习成绩对学校的依赖性更强。然而，学校需要面向所有学生进行重组，因为知识社会对公民的素养和技能有很高的要求，公众对学校也有很高的期望。进入新世纪以来，大批未完成学业的人也能在工厂里找到工作，因此大众对公立学校的期望大幅度提高（Graham，2005）。学校重组是多元文化教育的一个重要目标，也是一个主要目标。

应该将多元文化教育视为面向所有学生的策略，还有一个原因，多元文化教育在多大程度上具有普遍性且符合广大公众的利益，将决定其能否在美国的中小学、学院和大学中被制度化并获得支持。针对特定民族的多元文化教育概念在国家教育机构中得到成功实施的机会非常渺茫。

三　对主流课程的挑战

有些读者可能认为，美国教育机构中现存的课程和教育就是针对特定民族的，是欧洲中心主义并以男性为主导的。在某种程度上我也同意这个观点。不过，我相信这种主流课程占主导地位的日子不会长远。美国中小学、学院和大学中的这些制度化课程正在遭受严重的冲击，在实施课程改革、使课程能更准确地反映美国社会非白人人种、女性、LGBT人群，以及其他文化、语言和社会阶层群体的经历、声音与斗争之前，这种冲击会一直持续。过去三十年中，美国中小学、学院和大学的课程发生了根本性的变化，认识并承认这些变化非常重要。今天学生在教育机构中学习的民族、文化、种族和性别多样性内容比三十年前要多得多。民族研究和女性研究运动对美国中小学、学院和大学的课程产生了重大的影响。

20世纪六七十年代民权运动和女权运动兴起之后，主流课程的优势地位受到了严重的削弱和动摇。盎格鲁裔美国人在17、18世纪时掌控了美国主要的社会、经济和政治机构，如今，历史、社会和经济形势与那时相比已经发生了变化。虽然盎格鲁裔美国人在政治、经济和文化方面仍然占据主导地位，但导致盎格鲁裔在美国建国初期形成霸权的经济、人口和意识形态因素正在发生变化。后来，美国最高法院的一系列裁决放缓了20世纪80年代平权行动的步伐，削弱了2001年通过的残疾人保护民权法案，说明盎格鲁裔仍然占据主导地位。法院的裁决也同样不利于多样性群体的利益，2007年华盛顿州的西雅图和肯塔基州的路易斯维尔废除学校种族隔离的计划被宣布为违宪。

然而，美国社会到处都有迹象表明，盎格鲁裔的主导地位与霸权正在受到挑战，非裔、亚裔和拉丁裔等群体要求全面融入社会结构，改革中小学、学院和大学课程内容选择规范的呼声越来越高（Chang，2012；Hu-DeHart，2012）。还有一点很重要，我们要认识到许多富有同情心的白人有识之士正在和非白人人种一道，支持对美国的社会、经济、政治和教育机构进行改革。把今天的改革运动视为非白人人种与白人之间的对抗是错误的。

我们的社会中普遍存在一个误解，认为白人是一个单一的群体。实际上，白人一词在表层意思后面隐藏着丰富的含义。无论是民族和文化特征，还是政治派系及对种族与文化多样性的态度，白人都是一个非常多样化的群体（G.Howard，2012；McIntosh，2012）。从过去到现在，都有很多白人支持提高非裔美国人和其他非白人人种权利的社会运动。倾向于改革、推动建立一个更加公平、公正社会的白人公民，是盎格鲁裔继续主导美国政治和教育机构的想法越来越难以为继的一个重要因素。

今天白人在社会改革运动和非裔、拉丁裔政治家竞选中扮演着重要的角色。巴拉克·奥巴马2008年当选为美国总统就得益于白人选民的大力支持。非裔美国人当选为市长、州长、国会议员也同样得到了白人的广泛支持，比如当选为马萨诸塞州州长、并于2007年1月上任的德瓦尔·帕特里克（Deval Patrick）。大学校园里许多白人学生正在与非白人学生结成同盟，要求改革大学课程，加入与非白人人种和女性相关的内容。大学校园中要求进行民族研究的学生已经取得了重大的胜利（Chang，2012；Hu-DeHart，2012）。

以盎格鲁裔为中心的课程体系在进行改革、并入各民族、文化和语言群体学生的声音和历史之前，将不断受到挑战。同性恋群体也要求将与他们相关的内容纳入中小学、学院和大学的课程（Mayo，2013；Kavanagh，2012）。对于这些群体的要求，学院和大学的回应比中小学有效得多（Chang，2012；Hu-DeHart，2012）。

绝大部分非白人人种，包括在教育机构中担任领导职务的非裔和拉丁裔美国人在内，将继续努力把所在群体的历史纳入到中小学和大学的课程中去。这些人中有研究人员、教授、管理人员和教科书作者。非白人学生会一直与进步白人学生结盟，要求改革中小学和大学课程，使其反映美国社会的民族、文化与语言现实。2010年非白人学生占美国公立学校学生总数的46%（NCES，2012）。家长和社群也不断要求改革中小学和大学的课程，反映他们的历史与斗争。非裔美国学生家长与社群会继续推动建设体现非洲文明的课程，并建立黑人男性实验学校（T.C.Howard，2012）。

女权主义者将一如既往地反对主流课程，因为很多人认为主流课程是以男性为中心的、充满男权主义和性别歧视（Bailey & Cuomo，2008）。女性研究中有很多新方向是以非白人女性的文化为对象的（Guy-Sheftall，2012）。女性研究和民族研究还将不断交织、共同挑战美国中小学、学院和大学中的主导课程。同性恋群体会继续要求他们的声音、经历、希望和梦想在改革后的课程中有所体现（Mayo，2013；Schneider，2012）。

四　多元文化教育面临的挑战

我之前已经论证过，针对特定民族的多元文化教育不可能在美国的中小学、学院和大学中被制度化，美国课程中的盎格鲁裔霸权主义也不会长久。必须承认，这个观点长期适用于当下和未来的美国社会。多元文化教育经常遭到保守派作者与群体的挑战，例如2010年对亚利桑那州图森学区民族研究计划的攻击（Chavez，2010；Conant，2010）。即使研究表明民族研究计划提高了图森学区墨西哥裔美国学生的学业成绩，该计划还是遭到了攻击（Sleeter，2011）。多元文化教育和多样性教育面临的挑战可能会继续存在，并以多种形式、表现和形态出现。在民主社会中，人们可以自由地表达各种观点，这些反对多元文化教育的声音也是民主社会发展动力的一部分。

造成多元文化教育含义混乱的部分原因是，新保守主义学者企图将多元文化教育描述为一场反对西方文明、对抗白人（言下之意是对抗美国人）的运动（Chavez，2010）。大众媒体也常把在课程中引入非洲视角称作"非洲中心主义（Afrocentric）"，并将该词定义为排斥白人和西方文明的教育。

非洲中心主义一词的含义因人而异。由于不同人群和群体对该词进行了多样性的解读，新保守主义学者对多元文化教育的批评大多聚焦在这一概念上。阿桑特（Asante，1998）将非洲中心主义定义为"将非洲理想置于一切与非洲文化和行为有关的分析的中心"（第6页）。换句话说，非洲中心主义是从非洲人或非裔美国人的视角来看待非洲人及非裔美国人的行为的。他的定义表明，如果不从语言使用者的角度出发，就无法理解黑人英语或埃伯尼语。按照阿桑特的定义，非洲中心主义主张的是在中小学和大学的课程中加入非裔美国人的视角。如果这样理解，非洲中心主义与多元文化课程其实是一致的，因为多元文化课程就是帮助学生从不同民族和文化的角度来看待行为、概念和话题的。

五 规范之战：特殊利益与公众利益

非白人人种和女性要求将自己的声音和经历变成制度化的课程内容，推动课程规范改革，这在新保守主义学者中引起了强烈的反响（Chavez，1991，2010；Huntington，2004）。多元文化教育的反对者撰写的许多社论与文章不过是表面的烟幕，实则掩盖了不愿促进国家共同利益，只想巩固现状和优势群体的霸权地位、保证少数精英利益的保守政治进程。新保守主义学者耍了一个聪明的花招，将自身利益说成是普遍的大众利益，而将女性和非白人人种的利益说成是特殊利益（Glazer，1997；Huntington，2004）。当统治精英将自身利益等同于公众利益时，女性和非白人人种等被排除在结构之外的群体的经历就被边缘化了。

特殊利益一词意味着特定群体的利益，不符合民族国家或共同体的整体目标和需要。要符合公众利益，就必须要超越某一独特或特定群体的需要。这就出现了一个重要的问题：由谁来制定特殊利益的确定标准呢？答案是主导群体或当权群体，他们已经制定了符合自身形象和利益的课程、制度与结构。主导群体不认为自己的利益是特殊利益，而是将其等同于共同利益。因此，在控制着课程和其他社会机构的统治者看来，任何挑战主导群体权利、意识形态和范式的诉求都是特殊利益，如果有利益群体要求对机构和结构中的规范、假设和价值观进行改革，那就更是特殊利益了。主导群体将自身利益与公共利益划等号的例子，历史上比比皆是。

当权者将主流结构之外的人们边缘化并剥夺其权利的一个方法，就是将他们的愿景、历史、目标和斗争称作特殊利益。这种边缘化方式否定了那些被排斥、无法充分参与社会及机构的群体的合法性与有效性。

只有反映了美国和世界上广泛群体的经历与利益的课程，才真正符合国家利益和公众利益（Banks，2007）。除此之外的其他类型的课程反映的都是特殊利益，不符合一个国家在多元和高度依存的全球世界中生存的需要。诸如强调西方首要地位和欧裔美国男性历史等特殊利益的历史与文献会危害公众利益，因为它无法帮助学生掌握在21世纪生存所必需的知识、技能和态度。

民族研究和女性研究的目标不是推进特殊利益，而是要改革课程，使其更加真实、具有包容性，能够反映构成美国社会的各个群体与文化的历史和经历。这些研究不是追求特殊利益的改革运动，而是有助于中小学和大学课程的民主化；不是强化特殊利益，而是保障公众利益。

我们需要重新思考特殊利益、国家利益和公众利益等概念，找出哪些群体在使用这些术语，使用的目的是什么。我们还必须在国家和快速变化的世界背景中评估这些术语的使用。受到排斥的群体清楚地认识到，把他们的愿景和经历标记为特殊利益，是企图将他们边缘化，既不让他们发声，也不让他们露面（Guy-sheftall，2012）。

六 改革后的课程与多元视角

教育工作者可以采用几种方法（见图4.1的总结），将文化内容融入中小学和大学的课程（Banks，2009b）。一种是贡献法（contributions approach），加入的民族和文化群体内容主要限于节日介绍和庆典活动，比如墨西哥五月五日节（Cinco de Mayo）、亚太传统周、非裔美国人历史月和女性历史周。

这种方法常在小学中使用。在课程中加入文化内容的另一个常见方法是附加法（additive approach）。该方法只是在课程中增加文化内容、概念和主题，并不改变课程的基本结构、目的和特点。附加法往往在不更改课程框架的前提下，在课程计划中加入一本书、一个单元或一门课程。

贡献法和附加法都不改变课程的基本结构或规范。只是在现有课程框架和假设内插入文化庆典、活动与内容。用这些方法将文化内容并入课程时，与民族群体和女性相关的人物、事件与解读往往反映的是主流文化、而非文化社群自身的准则和价值观。对现状和统治机构构成挑战的个人和群体不太可能被选入课程。因此，与反抗白人接管原住民土地的杰罗尼莫（Geronimo）相比，帮助白人征服美国原住民土地的萨卡加维亚（Sacajawea）被选入课程的几率要大得多。

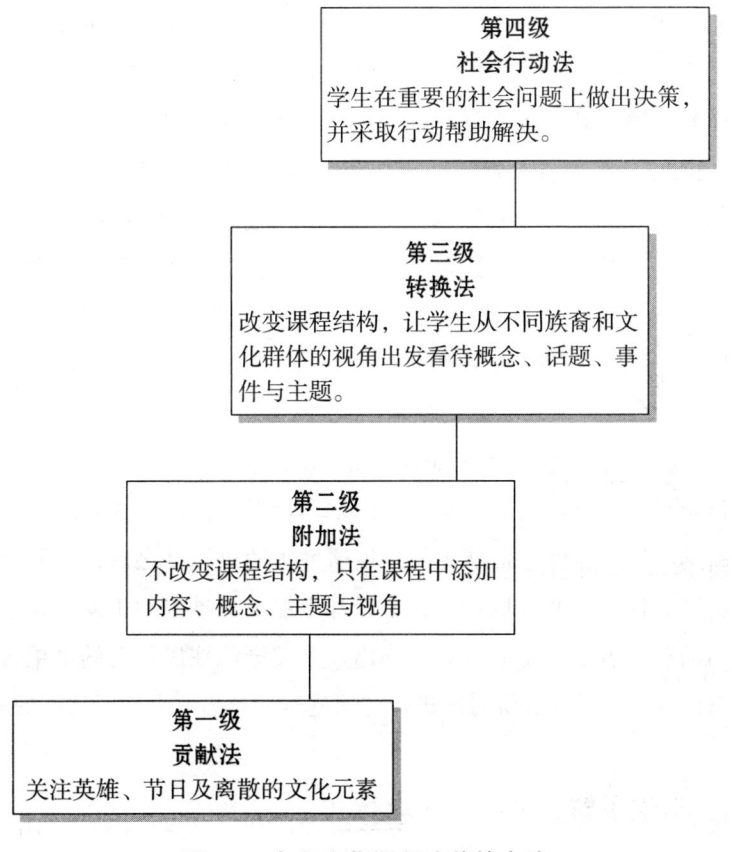

图 4.1　多元文化课程改革的方法

转换法（transformation approach）与贡献法和附加法有根本性的区别。转换法改变了课程的规范、范式与基本假设，使学生能够从不同的视角和观点看待概念、话题、主题和问题。这种方法的主要目标包括帮助学生从不同民族和文化的角度理解概念、事件和人物，并理解知识是一个社会建构过程。采用这种方法，学生就能阅读和听到征服者和被征服者双方的声音。同时，也有助于学生分析教师看待事件和形势的立场，并有机会形成和证明自己对事件和形势的看法。转换法的重要目的在于教会学生进行批判性思考，培养形成、支持和证明自己的结论以及归纳能力。

　　如果采用转换法讲解"西进运动"这一单元，教师会先布置适当的阅读材料，然后向学生提出这样的问题：你认为西进运动是什么意思？是谁在向西部迁移，白人还是美国原住民？美国的哪个地区被称为西部？为什么？提出这些问题的目的在于帮助学生理解西进运动是一个以欧洲为中心的术语，指欧裔美国人朝着太平洋方向迁移。印第安部落的拉克塔苏族（Lakota Sioux）当时已经生活在西部了，正如利默里克（Limerick，2000）所说，他们努力想要留在原地，不想迁移。苏族人认为他们的家园不是"西部"，而是宇宙的中心。教师也可以让学生从苏族人的视角来描述西进运动。学生可能会使用"末日"、"末日时代"或"掠夺我们土地的人来了"这样的词语。此外，教师还可以让学生给这个单元取一个比"西进运动"更加中性的标题。学生可能会命名为"两种文化的相遇"。

　　决策与社会行动法（social action approach）是对转换法的扩展，让学生组织项目和活动，就学习过的概念、问题与话题做出决定并采取个人、社会与公民行动。比如，学生们从不同角度研究了西进运动之后，可能会决定深入了解美国原住民，并采取行动让全校师生能更加准确和正面地描述和认识美洲最早的居住者。学生们也许会列出一个美国原住民作者的书单，交给学校图书馆订购，然后在晨练时间进行"西进运动：另一方的视角"的表演。

七　教会学生了解、关心并采取行动

　　培养多元文化素养的革新性课程，其主要目标应该是帮助学生了解、关心并采取行动,发展和培育让所有群体都能体验到文化民主与文化赋权的民主、公正社会。图 4.2 显示了解、关心与行动三者之间是如何相互交叉并紧密关联的。

知识是多元文化素养的重要组成部分,但只有知识是不够的。知识本身并不能培养学生对他人的同情和关心,培养其进行人道主义民主变革的责任感。多元文化课程的一个重要目标是培养学生对他人的同情与关心。为了促进美国和世界的文化民主,学生不仅要掌握有效参与公民行动所需的知识和技能,还必须培养采取个人、社会和公民行动的责任感。

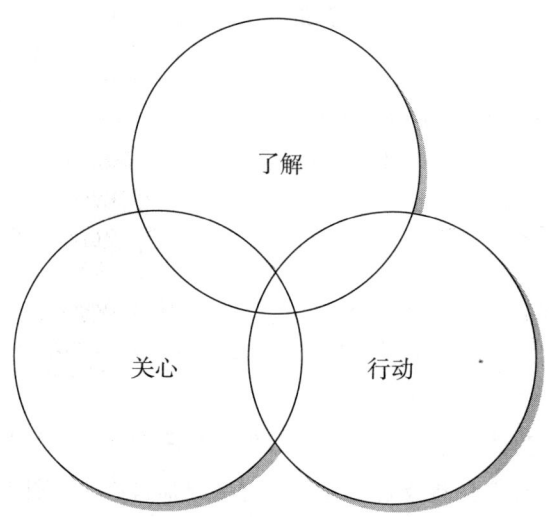

图 4.2　了解、关心与行动之间的交叉关系

虽然了解、关心和行动在概念上截然不同,但在课堂上三者却是密切相关的。在给师范生讲授的多元文化课上,我利用历史学和社会学知识考察不同民族和种族群体的经历,让学生在学习知识的同时能够审视和厘清自己对民族多样性问题的态度。这些知识体验也是让学生思考采取什么行动可以实现其感情和道德责任感的载体。我用来帮助学生审视自身价值责任、思考行动方式的知识体验包括:莎拉·劳伦斯·莱特富特(Sara Lawrence Lightfoot, 1988)为她母亲所作的传记《基列的香树油:一位治疗师的旅程》(*Balm in Gilead: Journey of a Healer*),这位母亲是美国第一位非裔儿童精神病学家，我的著作《民族研究教学策略》（Banks，2009b）中用历史视角看待美国各种族群体的部分，以及一些视频和影像资料，包括由亨利·汉普顿（Henry Hampton）执导的讲述民权运动历史的获奖影片《美国民权之路2》（*Eyes on the Prize II*）中的片段，一部令人震撼的、运用模仿表现歧视对成年人产生巨大影响的影片《燃情追踪》（*Eye of the Beholder*），还有简·艾略特（Jane Elliott）的录像，艾略特曾做过一个非常有名的实验，她根据眼睛的颜色对儿童进行歧视，让他们明白了歧视的含义（Peters，1987）。2012年夏天，我们给学生播放了《宝贵的知识》（*Precious Knowledge*），这段内容丰富的DVD描述了2010年亚利桑那州图森学区发生的那场有关民族研究的争议。

为了让学生能够分析和厘清自己对这些阅读材料和视频资料持有的看法，我给他们提出了一些问题，比如：看这些书、电影或录像的感觉如何？你为什么会产生那样的感觉？为了帮他们想出表现感受的行动方法，我进一步提问：你的个人经历与其他种族发生过交集吗？你愿意在种族融合更充分的环境中生活吗？你有没有读过什么书或看过什么流行电影，让你想要采取行动在种族和民族融合更充分的环境中生活？这种体验的力量往往能在学生的论文中显现出来。

多元文化体验能让学生了解、关心并参与民主行动，教师想让学生参与多元文化体验最有意义和效果的方式，就是教师自己参与针对上述目标的多元文化体验。当教师自己获得了文化与民族多样性知识，能从不同民族和文化的视角认识这些知识，并采取行动让自己的生活和社区变得更具文化敏感性和多样性时，他们就能理解学生的想法与感受，而且具备了有助于改革课程规范所需要的知识和技能。只有对课程规范进行改革，使其反映文化的多样性，中小学、学院和大学的学生们才能获得有效参与今天的全球社会所需要的知识、技能和视角。

八　多元文化教育与国家生存

我们需要实施多元文化教育，帮助未来所有的美国公民获得在21世纪生存所需要的知识、态度和技能。美国与全球的生存面临着严峻的考验（Darling-Hammond，2010）。美国非白人人口数量的快速增长、中国、印度等非白人国家的日益崛起、贫富差距的逐渐拉大（Stiglitz，2012）使拥有多元文化素养和跨文化能力成为未来公民的必要条件。在21世纪，如果一个国家的公民不具备在全球多元文化舞台上协商的能力，将是一个巨大的劣势，甚至会威胁到国家的生存。

第五章　知识建构与课程改革

第四章描述了课程变革以及为什么需要进行课程变革来帮助学生从不同文化和民族的角度理解美国和世界。本章将描述知识是如何建构的，如何反映建构知识的历史学家、社会学家和教育工作者的人生经历、文化、视角与价值观。本章还将介绍知识的五种类型，提出学生应该了解每种知识类型，知道知识受创造者的影响。学生也应该学会自己建构知识，认识到自身的价值观、视角和人生经历会影响知识的建构。

一　一段认识论旅程

20世纪50年代，我还在阿肯色三角洲上小学。印象最深刻的是社会学科教科书中出现的快乐而忠诚的奴隶形象。我记得课本中有三个黑人：教育家布克·T. 华盛顿（Booker T.Washington）、科学家乔治·华盛顿·卡弗（George Washington Carver）和女低音歌唱家玛丽安·安德森（Marian Anderson）。上学时我就一直心存疑问：为什么图片中的奴隶是快乐的？除了前面提到的三位，历史上还有其他著名的黑人吗？这些快乐的奴隶形象是谁创造的？为什么创造这样的形象？快乐的奴隶形象完全不符合我对我们这些奴隶的后代、生活在隔离社区的非裔美国人的认知。那时，我们只能喝贴着"有色"（colored）标签水龙头中的水，不允许使用城市公共图书馆。这两条法律引起了我们的不满。事实上，我们每天都在用不易察觉的方式进行着强烈的抵制。在政府忙着对付更严重的种族违规行为时，我们孩子都品尝过"白人饮水"的味道。

求学期间,我一直试图将教科书中的非裔美国人形象与我认识的家人、社区邻居统一起来,但是这些问题始终没有得到解答。我想知道为什么两者之间会存在如此巨大的反差。本科期间的课程没能帮助解决我的问题。大学四年中,我读到了非白人作家詹姆斯·鲍德温(James Baldwin,1953,1985)写的《村子里的陌生人》。在这篇很有分量的文章中,鲍德温描述了他在瑞士的一个村庄里被视为"他者"的遭遇。这种遭遇让他受到了伤害,他感到失望、不快乐。

为什么奴隶被刻画为快乐的形象?对这个问题的认识论探索开启了我一生的追寻之旅,现在仍在路上,我感觉离真相越近,问题和答案就变得越困难和复杂。这个问题在我人生的不同阶段呈现出不同的形式,贯穿着我的整个职业生涯。现在,我认为研究者的人生经历会极大地影响他们的价值观、研究的问题以及知识的建构。他们建构的知识反映了他们的人生经历和价值观。我课本中的快乐奴隶形象是由南方历史学家乌尔里希·B.菲利普斯(Ulrich B. Phillip, 1918, 1966)创造的。他建构的这些奴隶形象体现了他认为非裔美国人低劣的想法以及他在世纪之交的佐治亚州长大的事实(Smith & Inscoe, 1993)。

1. 研究者的价值观

社会学家们既有思维也有情感。他们的思维及思维的产物主导着历史和社会科学的研究话语。他们的情感也深深影响着研究的问题、结果、概念、归纳和理论。我用"情感"来隐喻价值观,即社会学家深信并践行的信念、责任与广义原则。一直以来,社会科学研究的价值维度在学术界和大众文化中基本上是缺失和静默的,直到20世纪六七十年代,社会科学的中立性才遭到后现代主义、女性研究和民族研究运动的挑战(King,2004;Ladner,1973)。

社会科学研究一贯支持影响学生人生和受教育机会的教育政策。主流社会科学和教育研究者维护的教育政策常常对低收入家庭学生和非白人学生造成伤害。但是,在美国、加拿大和英国等多样性国家中,社会科学家的价值观是非常复杂的。一个阶段或同一时期的社会科学和教育研究，往往一方面加剧了不平等（Herrnstein & Murray，1994），另一方面又支持了解放运动和人类进步（Clark，1965）。

我在美国教育研究协会（American Educational Research Association，AERA）的会长致辞（Banks，1998）中，对支持这些主张的研究进行了描述：

- 个人经历社会化的文化社区，同样也是有共同信念、视角和知识的认识论社群。
- 研究者的生活体验、价值观、个人经历和所在的认识论社群，对社会科学与历史研究会产生复杂的影响。
- 社会科学家、历史学家和公共知识分子创造的知识是其认识论社群、经历、目标和利益的反映与延续。
- 社会科学家个人如何诠释自己的文化经历，受到一系列复杂的状态变量的交互影响与调节，比如性别、社会阶层、年龄、政治派别、宗教和地域。（第5页）

二　评价与知识构建

自殖民时代以及西方国家向美洲、加勒比地区、非洲、亚洲和澳大利亚扩张以来，同化主义思想在世界各国都是占主导地位的历史力量。同化主义思想认为，要建立一个有凝聚力的国家和公民文化，来自不同种族、民族、文化、语言和宗教群体的个人必须放弃自己的家庭和社群文化，学习主导和主流群体的文化（Patterson，1977；Schlesinger，1991）。同化主义者认为，个人对族裔的依恋会阻碍其对国家公民文化的参与和忠诚［见基姆利奇卡（2004）对这种观点的批判］。

20世纪六七十和八十年代发生的民族振兴与抗议运动向同化主义思想发起了严峻的挑战。这些运动的兴起受到了同时代的美国黑人民权运动的鼓舞（Painter，2006）。多元文化主义和多元文化教育又是从这些运动发展而来的。多元文化主义对同化主义思想发起了挑战和质疑，认为民族和文化多样性丰富了主流文化，个人身份是"多重的、嵌入的、重叠的"（Kymlicka，2004，第 xiv 页），而且有深厚家庭和社群文化根基的个人，成为有效的民族国家公民和世界公民的可能性不但不会减少，相反还会增加（Appiah，2006）。

1. 同化主义者与多元文化主义者之间的辩论

新自由主义和政治保守派也是坚定的同化主义者，他们认为，多元文化主义不利于民族国家和公民社会（Bawer，2012；Patterson，1977；Schlesinger，1991）。多元文化主义者认为，公民平等、承认（Gutmann，2004）和结构上融入民族国家，对不同群体的公民学会效忠民族国家、有效参与公民社会至关重要（Banks，2007；Kymlicka，2004）。

我希望在本章中就同化主义者和多元文化主义者之间的辩论进行学术探讨，以证明两派的立场均反映了各自的价值观、意识形态、政治立场和人的利益。每派的立场中也都隐含着在中小学、学院和大学，博物馆、剧院等公共场所，以及电影和其他视觉媒体中应该传递哪类知识。我还将对社会和教育机构中存在的知识类型进行划分。这种分类方法旨在帮助教育实践工作者、研究人员和文化工作者识别体现特定价值观、假设、视角和意识形态立场的知识类型。

教育工作者和文化工作者要帮助学生理解所有的知识类型。应该让学生参与关于知识构建和对立解释的辩论，比如埃及和腓尼基对希腊文明的影响程度（Bernal，1987，1991）。还应该教学生如何建构自己对历史和当下的看法，以及如何确定自己的立场、利益、意识形态和假设。学生应具备批判性思维，以及基本的知识、态度、技能和责任感，参与民主行动，帮助国家和世界缩小理想与现实之间的差距。多元文化教育是为了在多元民主社会有效发挥作用而进行的教育。帮助学生掌握参与反思性公民行动所需要的知识、技能和态度，是多元文化教育的主要目标之一（Banks，2007）。

本章的哲学立场源于民族研究和多元文化教育中的变革传统（Banks，1996）。这一传统连接了知识、社会责任感和行动（Meier & Rudwick，1986）。当学生认识了不同类型的知识，能自由审视自己的视角和道德责任，而且在学校（Dewey，1959）及博物馆、剧院和历史古迹等公共场所（Loewen，1999）中又获得了民主体验，实施变革性行动教育的效果最好。

2. 知识的特征

我将知识定义为个人说明或解释现实的方式。我的知识概念是广义的，使用方式类似于社会学中的知识文献，包括思想、价值观和阐释（Farganis，1986）。正如后现代主义理论家指出的那样，知识是社会建构，反映了人的利益、价值观和行动（Code，1991；Foucault，1972；Harding，1991；Kerdeman，2012）。知识也是人类互动的产物（Nejadmehr，2009）。知识由个人或群体创造，受很多复杂因素的影响，包括真实发生的事件和知识建构者与他人的互动，知识的创造也在很大程度上受制于创造者对自身经历的解读，以及他们在特定的社会、经济、政治制度和社会结构中的立场。

按照西方的实证传统，每个学科的理想都是建立起不受研究者个人或文化特征影响的知识（Greer，1969；Kaplan，1964）。然而，批评理论家和后现代主义理论家指出，即使在一个以客观知识为理想的学科中，个人、文化和社会因素也会影响知识的形成（Foucault，1972；Habermas，1971）。研究者往往没有意识到他们的个人经历和社会立场会怎样影响他们产出的知识。大多数主流历史学家也没有意识到，他们的区域和文化偏见会如何影响他们对美国南北战争之后的重建时期的解读，直到 W.E.B. 杜波依斯（W.E.B.DuBois，1935，1962）发表了一项研究，对那段时期很多广为接受的解读提出了质疑。

3. 关系结构和知识建构

关系结构是女权主义研究中的一个重要概念，该术语描述了身份的某些重要方面，如性别、种族、社会阶层、年龄、宗教和性取向，是如何影响学者的知识构建的（Tetreault，2013）。关系结构揭示了识别学者和作者提供数据、解释和分析的立场及参照框架的重要性（Anzaldúa，1999）。研究人员和学者需要确定他们在研究中的意识形态立场和标准假设（是女权主义研究和民族研究不可分割的部分），这与主导西方科学的实证范式形成了鲜明的对照（Code，1991；Harding，1991，2012）。

西方实证主义范式假设，该范式中产生的知识是中立客观的，其原则具有普遍性。自 20 世纪初以来主导西方高校研究和教学的传统实证范式，很少讨论研究人员和学者的价值观、参照框架和规范性立场带来的影响。然而，有些学者，如瑞典经济学家冈纳·缪尔达尔（Gunnar Myrdal，1944）和美国心理学家肯尼斯·B.克拉克（Kenneth B. Clark），在女权主义、民族研究和后现代主义运动兴起之前，就已经提出学者需要识别和陈述其规范性立场与评价，克拉克恰当地将这样的学者称为"参与观察者"。缪尔达尔指出，评价不只是研究的附属品，而是渗透于研究的过程。他指出：

> 在社会科学中，排除偏见最好的方法就是直面评价，明确、充分地指出评价的具体化价值前提。（第1043页，强调符号沿用原文）

三 知识类型学

描述知识的主要类型，可以帮助教育工作者和文化工作者确定实施多元文化和文化适应性教学所需要的视角和内容（Gay，2010；Nieto，2010）。下述每种知识类型都反映了具体的目的、视角、经验、目标和人的利益。教授学生各种类型的知识，可以帮助他们更好地了解不同种族、民族和文化群体的视角，培养他们对话题和事件形成自己的看法和解读。不同类型的知识也能帮助学生对现实形成更加全面和准确的认识。多元视角和多种知识类型比单一视角更能让知识建构接近于真相。默顿（Morten，1972）在一篇重要的、有影响力的文章中指出，社会科学家要全面认识社会现实，需要"局内人"和"局外人"的双重视角。

我找出并描述了五种知识类型（见图5.1）：（1）个人/文化知识；（2）大众知识；（3）主流学术知识；（4）革新性学术知识；（5）教学知识。这是一种韦伯式的理想分类。德国社会学家马克斯·韦伯（Max Weber）最早提出了用类型学对社会现象进行分类的想法。例如，他把权威划分为三种类型，即传统型权威、理性法理型权威和超凡魅力型权威（Henry，n. d.）。我划分的五种知识类型，和韦伯的类型学分类一样，虽然接近现实，却无法完全描述现实的复杂性。在对知识进行思考、规划多元文化教与学的过程中，这些知识类型是很有用的概念工具。虽然知识的类别在概念上可以进行区分，但在现实中它们是重叠且动态相关的。

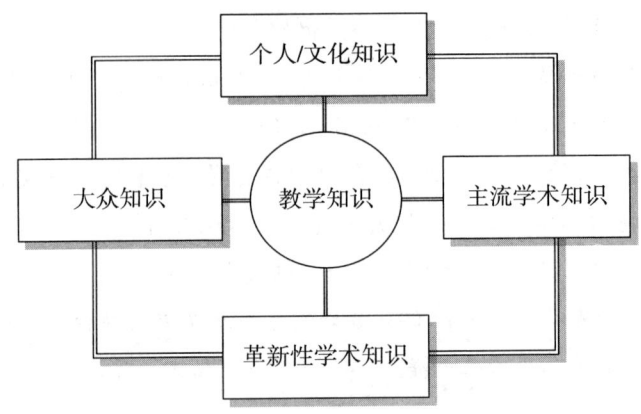

图 5.1 知识类型与相互关系

自 20 世纪 60 年代以来，革新性学术知识中的一些发现和洞见已被纳入主流学术知识和研究之中。传统的美国中小学和大学会告诉学生，16 世纪欧洲人抵达之时，北美是一片人烟稀少的荒野，非裔美国人对美国文明（主流学术知识）没有做出多少贡献。但质疑这些观念的某些革新性学术知识发现，已经对主流学术研究产生了影响，并被纳入主流的大、中、小学教科书中（Hu-DeHart，2012；Snipp，2012）。因此，五种知识类别之间的关系不是静态的，而是动态交互的。

1. 知识的类型

（1）个人与文化知识

学生从家庭、家族和社区文化的个人经验中学到的概念、阐释和解读，构成了个人和文化知识。这些假设、视角和见解，被学生用来观察和解释他们在学校、其他机构以及博物馆、媒体等更广泛的社会场所中遇到的知识和经验。

福特汉姆和奥格布（Fordham & Ogbu，1986）的研究和理论表明，来自低收入家庭的非裔美国学生在学校中常常遇到学业困难，因为他们的社群文化知识与教学知识和学校的规范与期望相冲突。福特汉姆和奥格布还认为，很多低收入非裔美国学生的文化与学校文化是对立的。这些学生认为，如果他们掌握了学校教的知识,就会违反臆想的亲缘准则,有"行为白人化"的风险。福特汉姆(1988,1991)认为,成绩好的非裔美国学生,在面对个人文化知识与学校知识和准则相冲突时,会"淡化种族身份"或运用"临时文化"加以解决。

个人和文化知识如果与验证知识的科学方法相冲突,与学校文化相对立,或质疑主流学术知识的主要信条和假设时,就会带来麻烦。学生从家庭和社区文化中学到的关于其他群体的知识,包括很多误解、成见和不准确的信息(Aboud,2009)。世界各地有很多学生的社会化过程是在种族、民族和社会阶层隔离的社群中进行的(Banks,2009a)。这些年轻人没有多少机会直接了解不同种族、民族、文化、宗教和社会阶层群体的文化。

教育工作者面临的挑战是如何在教学中有效地利用学生的个人和文化知识,同时又能帮助他们超越自身的文化限制(Lee,2007;Moll & Spear-Ellinwood,2012)。教育机构应识别、验证并有效利用学生的个人和文化知识。然而,教育的一个重要目标是帮助学生摆脱文化和民族的限制,使他们能够自由地跨越文化边界(Banks,2007)。

过去,学校和其他教育机构很少关注学生的个人和文化知识,主要教授大众主流知识。教师和文化工作者在为不同群体学生设计教育体验时,必须意识到学生的个人和文化知识。教育工作者可以用学生的个人文化知识来激励他们,作为教授其他类型知识的基础(Ladson-Billings,1994)。

(2)大众知识

大众知识包括在电视、电影、视频、DVD、CD及其他形式大众媒体中出现的制度化事实、阐释和信念。很多大众知识信条并不是直白地告知受众,传达方式非常微妙(Cortés,2012)。下列论述就表现了美国大众知识的一些重要主题:(1)美国是一个强大的国家,只要愿意加以利用,个人便拥有无限的机会。(2)只要努力工作就能在美国获得成功。如果愿意努力工作、积极向上,就可以实现美国梦。(3)美国是一个为所有人提供机会的地方,一个具有高度凝聚力的国家,人人怀有平等、自由的理想。

美国大众文化的大多主要信条都深植于美国社会,广为民众接受。然而，这些信条很少被明确地阐释。相反，会以故事、逸事、新闻报道和时事解读的形式出现在媒体上、博物馆（Sherman, 2008）、历史古迹（Loewen, 1999）等场所。洛温的《遍布美国的谎言：历史古迹中的错误》是一本引人入胜、内容翔实的著作，描述了美国的历史古迹如何巩固和加强了大众对于美国英雄、历史事件和美国特殊论的误解。

商业娱乐电影是大众知识的反映和延续（Shohat & Stam, 1994）。在准备写这一章时，我看了《西部开拓史》（*How the West Was Won*），这部有影响力的流行电影是由约翰·福特（John Ford）执导、米高梅公司1962年发行的。我之所以选择评论这部电影，是因为西迁是美国文化和社会的一个重要主题，产生了很多流行的意象、信念、神话和误解。电影对西迁过程的描述，对已经居住在西部的和去西部寻求新机会的人们的形象的刻画，让我觉得特别有意思。

影片是关于白人普雷斯科特（Prescott）一家从密苏里搬至加利福尼亚的家族史，讲述了普雷斯科特家族三代人的故事，重点在于他们在西部的奋斗和安居。电影中基本没有印第安人、非裔美国人和墨西哥人的身影。印第安人出场是因为普雷斯科特一家在漫长而危险的旅途中受到了他们的攻击，墨西哥人的形象是抢劫火车被击毙的盗匪，还有几个非裔美国人在背景中默默地划着船。影片中有好几处把印第安人称作怀有敌意的印第安人或印第安雌性（squaw）。

《西部开拓史》是美国大众文化中的杰作。它不仅描绘了美国文化中开拓西部的重要主题，也强化和延续了关于少数族裔的主导社会态度、民间故事和神话，印证了开拓西方的是一群热爱自由、勤劳、为众生自由而奋斗的人们的观念。影片临近结尾的旁白称，"（西进运动）造就了一个自由梦想、自由行动、自由塑造自己命运的民族"。

（3）主流学术知识

主流学术知识包括构成行为科学和社会科学中传统知识的概念、范式、理论和阐释。主流学术范式的一个重要信条是，存在一套可以通过客观的、不受人的利益、价值观和视角影响的研究程序验证的客观真理（Greer, 1969; Kaplan, 1964）。这种经验知识构成的客观真理体系应该是目前中小学和大学课程的核心内容。这类客观知识大多起源于西方，但知识的性质和应用却被认为具有普遍性。

多元文化批评者拉维奇（Ravitch）和芬（Finn，1987）、赫希（Hirsch，1987）和布鲁姆（Bloom，1987）等人称，在中小学、学院和大学的课程中增加有关女性和非白人族裔的内容，会对主流学术知识形成威胁。这种认识反映了历史上雄霸西方国家大学科研教学的根深蒂固的以西方为中心的规范。主流学术知识包括的理论和解释，已被大多数大学研究人员、学术团体和组织内化和接受，比如美国历史协会、美国社会学协会、美国心理学协会和美国国家科学院。

然而，大学中越来越多的批评理论家和后现代主义学者对主导西方科学的实证范式提出了质疑，认识到这一点很重要（Giroux，1983；Rosenau，1992）。这些人中很多都是美国历史协会和美国社会学协会等国家学术组织的成员。在大多数主流专业组织中，后现代主义学者（由相当数量的非白人学者和女权主义者组成）已经组织建立起了会议和兴趣小组。

我不是说主流学者持有统一的认识，但确实存在一些主流学者和研究人员群体普遍接受的主导规范、范式与理论。即使在主流学术界内部，也偶尔会有质疑这些既定规范和范式的声音。但是，最严峻的挑战还是来自非主流学者，比如下文将要提到的革新性学术群体中的学者（Collins，2000；Okihiro，1994；Takaki，1993）。

主流学术知识，和本章讨论的其他形式的知识一样，不是一成不变的，而是动态复杂、不断变化的。主流学术知识中占主导地位的规范和范式所面临的挑战既有来自内部的，也有来自外部的。这些挑战会带来变化、重新阐释、辩论、分歧、范式转移，从而产生新的理论和解释。库恩（Kuhn，1970）称，当一种新范式出现并替代了已有范式时，便出现了科学革命。在教育和社会科学中更为常见的是，同时存在着相互竞争的范式，虽然在特定的时间或时期内，某些范式的影响力更大。

我们可以考察主流学术界长期以来是如何看待奴隶制或美洲印第安人的，找出美国自19世纪末20世纪初以来主流学术知识发生重大变化的途径。乌尔里希·B.菲利普斯（Ulrich B. Phillips）1918年出版的颇具影响力的著作《美国的黑人奴隶制》（*American Negro Slavery*），一直主导着对黑人奴隶制的阐释，直到上世纪 50 年代他的观点才受到研究人员的挑战（Stampp，1956）。菲利普斯是一位受人尊敬、研究内战前南方和奴隶制问题的权威专家。他的这部历史经典之作，本质上是在代表南方奴隶主表示歉意（Smith & Inscoe, 1993）。而 20 世纪 70 年代发展起来的奴隶制研究新范式，重点则是奴隶们对自身经历的看法（Blassingame, 1972；Gutmann, 1976）。

19 世纪末 20 世纪初，印第安人在主流学术知识中不是被描绘成贵族，就被描绘成敌对的野蛮人（Hoxie, 1988）。主流学术知识中另外一些制度化观念包括，哥伦布发现了美洲，欧洲人 15 世纪晚期到达时，美洲是人烟稀少的边疆。弗雷德里克·杰克逊·特纳（Frederick Jackson Turner, 1894, 1989）有一篇重要的论文《边疆在美国历史上的重要性》(*The Significance of the Frontier in American History*)，这篇文章称边疆虽是一片荒野，却是美国民主的主要源头。虽然特纳的观点现在遭到修正主义历史学家的批评，但是他的论文建立了西部的概念，这个概念在美国的主流学术圈、大众文化和学校教科书中都具有重大的影响力。时至今日，特纳建构的西部概念在学校课程和教科书中依然具有影响力。

主流学术知识中还包括下列制度化思想：奴隶快乐而又满足，美国文明中最重要的一部分思想源自西欧，美国历史是领土不断扩张、民主逐步推进的历史，美国从空旷荒野向工业民主文明的转变需要非洲奴隶，美国要成为工业化国家，必须把印第安人变为基督徒、迁至保留地。

（4）革新性学术知识

革新性学术知识包括挑战主流学术知识、拓展历史和文学规范的概念、范式、主题和阐释。革新性学术知识质疑主流学者对知识本质的一些重要假设。革新性学术知识和主流学术知识对于知识的本质，人的利益和价值观对知识建构的影响，以及知识的目的持有不同的认识论假设。

主流学术知识的一个重要信条是，知识是中立、客观的，不受人的利益和价值观的影响。革新性学术知识反映了后现代主义对知识性质和目的的假设和目标（Foucault, 1972；Rorty, 1989；Rosenau, 1992）。革新派学者们认为，知识不是中立的，会受人的利益影响，所有知识都反映了社会中的权力与社会关系，建构知识的一个重要目的是帮助人们改善社会（Code, 1991；Harding, 2012）。知识及知识建构和社会的进步息息相关，能使社会更加公正和人道。

以下论述反映了美国革新性学术知识中的一些重要思想和概念。哥伦布并不是发现了美洲，早在欧洲人到达美洲4万年之前，印第安人已经在那里生活了。"欧洲发现美洲"和"西进运动"之类的概念需要从不同文化和族裔群体的视角重新认识。拉科塔苏族的家园对苏族人来说可不是西部，那里是宇宙的中心。对阿拉斯加人来说也不是西部，而是南部。同样，那里是日本人的东部，墨西哥人的北部。美国的历史不是民主理想一帆风顺的发展史（Foner, 1998）。相反，美国历史的特点是一方面不懈地追求民主，另一方面又充斥着冲突、斗争、暴力和排外（Acuña, 2007；Zinn, 1980）。美国面临的一个重要挑战是如何将其民主理想变成所有公民享有的现实。

（5）教学知识

教学知识包括教科书、教师指南和其他形式教学媒介中呈现的事实、概念和归纳。教学知识还包括教学材料和资源中对信息的思考与解读。教科书是美国学校中教学知识的主要来源（Apple & Christian-Smith, 1991）。对教科书的研究表明，美国的教学知识中包括一些主要的主题（C.A.M.Banks，即将出版；Loewen, 1995）：

1. 美国的开国元勋华盛顿和杰斐逊等人道德高尚、热爱自由，倡导全体美国人享有平等和正义。
2. 美国是一个给所有人带来正义、自主和自由的国家。
3. 社会阶层分化在美国不是显著问题。
4. 美国社会中不存在显著的性别、阶层或种族分化。
5. 美国的非白人族裔与白人群体和谐共处。

四　革新性公民教育与主流公民教育

革新性公民教育源于革新性学术知识，能够让学生掌握挑战社区、国家和世界中的不平等现象并采取行动、创造公正和民主的多元文化社区和社会所需要的知识、技能和价值观（Banks，2007）。革新性公民教育有助于学生发展决策和社会行动技能，以更好地识别社会问题，掌握相关知识，确定和厘清自身的价值观，并采取成熟的个人行动和/或有效的集体行动（Banks & Banks，with Clegg，1999）。

学生必须在学校、课堂和公共场所体验到公正和民主，才能实现民主价值观的内化。因此，要实施革新性公民教育，必须对学校、博物馆、历史古迹等公共场所进行重组。在革新性民主课堂和学校中，不仅不会延续现有的权力关系，还会对其形成挑战。在民主学校中实行革新性公民教育，可以促进对不同群体学生的承认和平等对待，帮助学生掌握知识和技能，采取行动使他们生活的社区、国家和世界变得更加公正。

主流公民教育以主流知识和假设为基础，会巩固现状并强化社会中占主导地位的权力关系，对教育机构或社会中的阶层、种族和性别歧视并不进行质疑或干预。主流公民教育的重点是记住宪法和其他法律文件呈现的事实，了解各政府部门，培养对民族国家的忠诚。批判性思维能力、决策和行动不是主流公民教育的重要内容。在很多国家，包括美国、加拿大和英国，大多数社会学科课堂上实行的都是这种主流教育。

表 5.1　知识的类型

知识的类型	定义
个人/文化知识	学生从家庭、家族和社群文化的个人经验中获得的概念、阐释与解读。
大众知识	在大众媒体和其他大众文化机构中被制度化了的事实、概念、阐释与解读。
主流学术知识	构成历史、行为与社会科学中传统西方中心主义知识的概念、范式、理论与阐释。
革新性学术知识	挑战主流学术知识、扩展并大量修正现有规范、范式、理论、阐释和研究方法的概念、范式、主题和阐释。当革新性学术范式替代了主流范式时，一场科学革命便爆发了。较为常见的是，革新性学术范式与现有范式二者并存。
教学知识	教科书、教师指南、其他媒介形式和教师讲义中呈现的事实、概念、归纳和解读。

1. 革新性公民教育与教育改革

公民教育必须进行转变，才能帮助学生掌握成为世界公民所需要的知识、价值观和技能，学生们才会有采取行动让社区、国家和世界变得更加公正和人性化的责任感（Banks，2007）。实行革新性公民教育需要一个整体范式，即将学校看作相互关联的整体（见图1.1）。视学校为社会系统的理念可以帮助教育工作者制定有效的改革策略，帮助学生掌握参与反思性决策和公民行动所需要的知识、态度和价值观（Newmann，1975）。研究和理论都表明，教育工作者可以成功地干预、帮助学生提高学业成绩（Lee，2007），建立民主态度和价值观（Banks & Banks，2004；Stephan & Vogt，2004）。

视学校为社会系统的概念意味着，想要施行革新性公民教育，促进社会正义和人权，教育工作者应该制定并实施整体制度环境改革策略。只对单个变量进行改革，比如课程内容和正式课程，都只能是必要而不充分的。如果教师对来自不同民族、文化、语言和宗教群体的学生态度消极、期望不高，多元文化材料即便到了他们手中有也不会什么作用。这些教师可能很少使用多元文化材料，或者使用的方式会产生危害。因此，实施革新性公民教育，帮助教师和其他学校人员建立民主的态度和价值观是很有必要的（Green，2005）。

2. 革新性民主公民

革新性公民教育的目标是帮助学生社会化，成为有社会责任感、积极的革新性公民。多元文化民主社会中的革新性公民具有图5.2总结的特征。这些公民对不同群体持有民主的态度和价值观，具有在自身文化群体，及国家、区域和世界上其他民族和文化中立足所需要的知识和技能。他们也具备与来自其他种族、民族、文化、语言和宗教群体的人们协商、分享权力所需要的知识与技能。此外，革新性公民具有明确的反思性文化认同、国家认同、区域认同和全球认同，具备在当地社区、国家、区域和全球社会中促进社会正义和人权发展所需要的知识、责任感和技能。

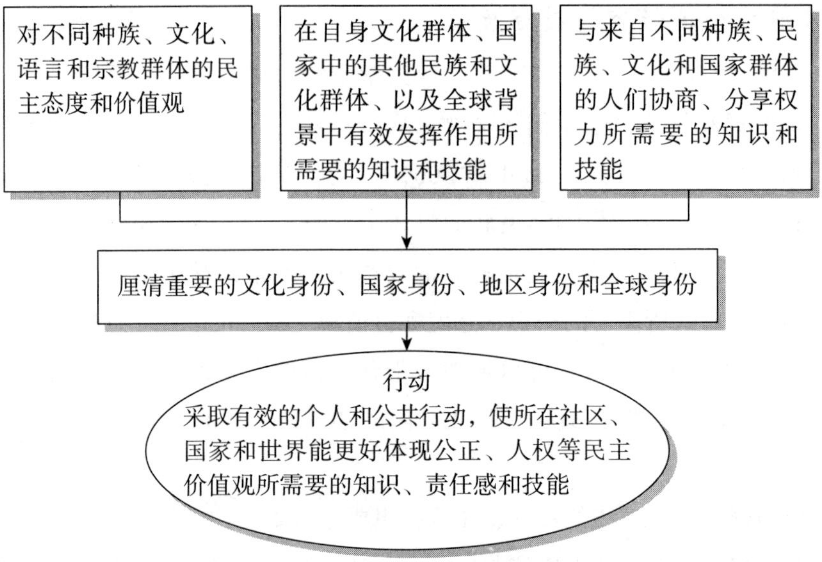

```
┌─────────────────┐  ┌─────────────────┐  ┌─────────────────┐
│对不同种族、文化、│  │在自身文化群体、国│  │与来自不同种族、民│
│语言和宗教群体的民│  │家中的其他民族和文│  │族、文化和国家群体│
│主态度和价值观    │  │化群体、以及全球背│  │的人们协商、分享权│
│                  │  │景中有效发挥作用所│  │力所需要的知识和  │
│                  │  │需要的知识和技能  │  │技能              │
└─────────────────┘  └─────────────────┘  └─────────────────┘
```

┌──┐
│ 厘清重要的文化身份、国家身份、地区身份和全球身份 │
└──┘

    行动
    采取有效的个人和公共行动，使所在社区、
    国家和世界能更好体现公正、人权等民主
    价值观所需要的知识、责任感和技能

图 5.2　多元文化民主社会中有效公民的特征

第六章 知识的构成

第三章描述了多元文化学校具备的八个特征（见表3.1）。学校要为所有学生创造平等的教育机会，帮助学生掌握在不断变化的国家和世界中立足所需要的知识、技能和态度，就必须针对每项特征进行改革。表3.1呈现的有效多元文化学校具备的八个特征，其中之一是积极的教师态度和行为。要掌握在学校中实施多元文化教育的态度、认识和行为，教师需要具备扎实的多元文化教育知识基础。本章将描述教师在多元文化课堂和学校中有效发挥作用需要掌握的知识。

一 四个知识类别

要成为有效的多元文化教师，需要掌握下列知识：

1. 多元文化教育的主要范式
2. 多元文化教育的主要概念
3. 主要族裔群体的历史和文化
4. 如何根据不同文化、民族、语言和社会阶层学生的独特需求，调整课程与授课的教学知识

本章将重点介绍前三个类别的知识。教学知识将在第七章中介绍。

二 多元文化教育范式

范式是一套相互关联、阐释人类行为或现象的思想。范式隐含着政策和

行动，也包括具体的目标、假设和价值观。思想领域和公共政策中的范式是相互竞争的。

自20世纪60年代以来，关于为什么很多低收入家庭学生和非白人学生的学业水平低，出现过几种主要的范式（Banks & Park，2010）。其中有两种范式或阐释是文化贬低范式（cultural deprivation paradigm）和文化差异范式（cultural difference paradigm）。这两种范式对多元文化课堂教学有着截然不同的假设、研究结果和教学启示。赞同文化贬低范式的教师和赞同文化差异范式的教师，在课堂活动中对待低收入家庭学生和非白人学生的态度可能存在差别，对于如何提高他们的学业成绩也可能有不同的想法。关于其他范式的论述，请参见班克斯和帕克（Banks & Park，2010）。

1. 文化贬低范式

文化贬低派理论家认为，低收入家庭学生在学校成绩不佳是因为他们成长于贫困的文化之中。这些理论家认为，贫穷、家庭混乱、单亲等因素导致低收入家庭儿童经历了"文化贫困"和"不可逆转的认知匮乏"。

文化贬低派学者认为，学校的一个主要目标是为"文化贫困"学生提供文化和其他经验，弥补他们的认知和智力匮乏。这些理论家认为，低收入家庭学生能够学会学校教授的基本技能，但授课方式必须采用行为主义的方法和策略。

文化贬低派理论家认为问题主要出在学生的文化上，而不是学校的文化上。赞同文化贬低范式的教师和管理人员常常指责这些受害者问题不断、学业失败（Bomer、Dworin、May & Semingston，2008；Payne，1996）。他们认为，大多数低收入家庭学生和非白人学生在学校表现不好，原因在于其文化和社会阶层的特点，而不是对他们教导无方。他们还认为，由于学生成长文化的影响，学校在帮助学生提高学业成绩方面的作用十分有限。这一范式的重点在于改变学生，而不是改变学校文化，关注不同群体学生的文化优势。

2. 文化差异范式

不同于文化贬低派理论家，文化差异派理论家不承认低收入家庭学生和非白人学生文化匮乏。他们认为，非裔、墨西哥裔、亚裔美国人和美洲原住民等族裔群体有强大丰富、五彩斑斓的文化（Alim & Baugh, 2007; Au, 2011; Gay, 2010）。这些由语言、价值观、行为风格和视角构成的文化，可以丰富所有美国人的生活。低收入家庭学生和非白人学生学业不佳，不是因为他们的文化低劣，而是因为他们的文化有别于学校文化和社会推崇的主流文化（Ladson-Billings, 1994）。

文化差异派理论家认为，导致低收入家庭学生和非白人学生学业成绩差距的主要原因，是学校和广大社会中存在的不平等现象，而不是他们的文化（Au, 2011; Convertino、Levinson & González, 2013）。学校必须进行改变，尊重和反映低收入家庭学生和非白人学生的文化，同时采用符合其文化特征的教学策略。具有文化敏感性和丰富性的教学策略会激励低收入家庭学生和非白人学生，帮助他们提高学业成绩（Boykin, 2012）。文化差异派理论家认为，学校往往未能帮助低收入家庭学生和非白人学生提高成绩，因为学校经常忽略他们的文化或尝试让他们疏远自身文化，而且很少使用符合他们生活方式的教学策略。文化差异派理论家经常引用研究，说明学校文化与低收入家庭学生和非白人学生的文化有着不同的价值观、准则和行为（Howard, 2010; Irvine & York, 1995; Nieto, 2010）。

大部分由文化差异派理论家进行的研究侧重于非白人学生的语言和学习特点。语言学家阿利姆和鲍弗（Alim & Baugh, 2012）及哈德利和马林森（Hudley & Mallinson, 2011）等人认为，黑人英语或埃伯尼语（许多非裔美国人所说的英语版本）是一个内容丰富的英语版本，逻辑性强，风格和用法一致，是非裔美国人沟通亲情、维护团结的有效手段。然而，很多教师却用消极的态度看待黑人英语。社会语言学家敦促教师从积极的角度看待黑人英语，将其作为帮助使用者学习标准英语的媒介，标准英语不能替代母语，只是一种方言选择（Hudley & Mallinson, 2011）。文化差异派理论家还建议教师将学生使用的其他语言，如西班牙语和越南语等，看作是优势，而不是需要克服的问题（Valdés, Capitelli & Alvarez, 2011; Varghese & Stritikus, 2013）。

奥（Au, 2011）、马希利（Mahiri, 2011）、盖伊（Gay, 2010）和莱德

森·比林斯（Ladson-Billings，1994）等文化差异派理论家的研究表明，大多数非裔、西班牙裔美国人、美国本土和夏威夷原住民学生的学习和文化特点，与学校文化并不一致。这些研究的结果包括，墨西哥裔美国学生往往比主流白人学生对语场更加敏感。语场敏感的学生和语场不敏感的学生在学习和情感特点方面有很多不同之处（Ramírez & Castañeda，1974）。语场敏感的学生往往喜欢与他人合作，实现共同的目标。他们比语场不敏感的学生更在意别人的感受和意见，语场不敏感的学生则更喜欢独立工作、参与竞争、获得个体认可。

学习风格理论经常被教师和其他学校工作人员误解和误用（Hollins，2012；Irvine & York，1995）。人们常常认为，如果一个学生是拉丁裔或非裔美国人，那么他的学习风格一定是语场敏感型的。这种思维方式导致对来自不同种族、民族和语言群体的学生形成了新的刻板印象。虽然有些非裔和拉丁裔学生群体的学习特点比某些主流盎格鲁裔学生群体更偏向于语场敏感型，但所有群体的学生均表现出各类型的学习风格。教育工作者在阅读学习风格研究或理论时，应该牢记群体特征的复杂性。如果教师和其他学校工作人员将学习风格理论过度简单化，就会造成危害。

三 多元文化教育中的概念

概念是科学家用来划分和归类信息、数据及思想的重要工具（见第七章）。一个学科或研究领域的核心就是关键的概念、归纳和原则。文化是多元文化教育的一个主要概念。接下来我们就来考察文化及两个相关概念：宏观文化与微观文化。

1. 文化

文化有许多不同的定义，但是没有一个定义是所有社会科学家都满意和接受的。文化可以定义为一个社会群体的生活方式，是人文环境的总和（Convertino et al.，2013；Erickson，2012；Geertz，1995）。虽然文化的定义常常包括群体生活的所有物质和非物质方面，但今天大多数社会科学家都强调文化的非物质性、象征性及概念方面。

第六章 知识的构成

在现代社会中，区分人群的标准是价值观、符号、解释和视角，而不是手工艺品、物质实体和人类社会的其他物质方面。价值观、准则和视角将不同的族裔区分开来，如美国原住民、非裔美国人、犹太裔美国人等，而不是看他们吃的食物或穿的衣服。在美国这样的现代化社会中，民族文化的本质是其独特的价值观、信念、符号和视角。因此，教师在讲授美国原住民和墨西哥裔美国人等群体时，让学生搭帐篷或者吃玉米卷饼，就没有抓住这些群体的文化本质，会误导学生对这些文化产生歪曲的概念。

文化是动态、复杂且不断变化的。教师在讲述非裔、犹太裔和日裔美国人等群体的文化时，应该注意帮助学生理解移民时间、社会阶层、地区、宗教信仰、性别、特殊性和教育等因素是如何影响某一族裔群体中的个体和子群体的行为与价值观的。生活在东海岸、出身上层中产阶级、受过大学教育、其家族早在20世纪初就移民美国的奇卡诺女性（Chicana）（墨西哥裔美国女性），和生活在加利福尼亚、来美国不到二十年的墨西哥男性工人相比，差异相当巨大。

教师应帮助学生了解族裔群体的复杂特点，防止学生在学校学习族裔群体时产生新的刻板印象。对一个族裔群体的一般性特征进行讨论，应该考虑该群体中的个体成员与群体准则和特征之间有哪些重大出入。表6.1描述了在一个民族或文化群体内部个体可能产生差异的一些重要变量。

表 6.1　族裔群体内部存在个体差异的变量

变量	理解与行为	能力水平
		1 2 3 4 5 6 7
价值观与行为特点	理解和解读族裔群体内部规范性价值观和行为特点的能力 行为体现族裔群体内部规范性价值观的能力 表达族裔群体内部规范性行为特点和细微之处的能力	←——→
语言和方言	理解、解释和使用族裔文化中的方言和/或语言的能力	←——→
非语言交流	理解并准确解读族裔群体中非语言交流的能力 在族裔群体中准确地进行非语言交流的能力	←——→

续表

变量	理解与行为	能力水平
		1 2 3 4 5 6 7
文化认知	认知、识别本族裔群体中区别于社会和国家宏观文化中其他微观文化群体的独特成分	←——→
	采取行动体现自身族裔文化意识与认识的能力	←——→
视角、世界观和参照框架	理解并解读族裔群体中规范性视角、世界观和参照框架的能力	
	从族裔群体内部的规范性视角、世界观和参照框架出发看待事件和形势的能力	
认同	微妙地和/或无意识地认同自身族裔群体的能力	←——→
	采取公开行动,有意识地认同自身族裔群体的能力	

资料来源:J.A. 班克斯(2006),《文化多样性与教育:基本原理、课程与教学》(第 5 版),波士顿:皮尔森出版社,第 82 页,已获转载许可。

2. 宏观文化与微观文化

大多数社会科学家给出的文化概念并没有涉及国家文化内部的变体或国家文化中的子文化。然而,研究多元文化教育,就需要描述国家文化中的各种变体,因为多元文化教育强调为国家文化中的不同群体提供平等的教育机会。有两个相关概念可以帮助我们研究国家文化内部的文化差异。我们可以将一个民族国家或社会中的国家文化或共享文化称为大文化或宏观文化,将组成宏观文化的各子文化称为微观文化。

每个民族国家都拥有在某种程度上为全部微观文化所共享的重要价值观、符号和概念。但是,国家中的各微观文化群体也可能用不同的方式调整、诠释、再诠释、感知和体验这些重要的国家价值观与理想。

重要的国家理想、符号和价值观可能适用于多个民族国家。瑞典经济学家缪尔达尔(Myrdal,1944)指出,正义、平等和人格尊严等是美国的重要价值观,他称之为美国的价值信条。缪尔达尔还将"美国困境"视作美国社会的一个重要组成部分。这种两难困境产生的根源是,尽管大多数美国公民已将正义、人格尊严等美国信条内化于心,但日常行为往往有悖于这些信条。缪尔达尔总结道,美国的民主理想与种族主义、性别歧视大行其道的现实之间，存在着巨大的差距。其他一些重要的美国价值观包括基督教新教职业道德、个人主义与集体主义之争、保持距离、物质主义和物质进步。

四 关于族裔群体的历史知识和文化知识

教师要想成功地将民族内容纳入学校课程，需要具备扎实的关于族裔、语言和宗教群体的历史与文化知识（Acuña，2007；Foner，2010；Lomawaima & McCarty，2006；Marable，2011；Painter，2006，2010；Snipp，2012；Touré，2011）。然而，仅掌握关于族裔群体的事实性知识，虽然必要，却并不充分。还需要围绕族裔、文化和语言群体经历中的关键概念（比如重大思想）、主题和话题来组织、教授这些知识。美国各群体的经历可以采用表6.2中总结的11个关键概念进行考察和比较。下面我将描述这11种关键概念，并探讨怎样运用每个概念来考察和研究特定的族裔和文化群体的经历。第七章包含的教学单元将描述如何教授其中的两个概念：知识建构与革命。

表6.2 指导族裔群体和文化群体研究的重要概念

1. 起源和移民
2. 共同的文化、价值观和符号
3. 族裔身份和族裔意识
4. 视角、世界观和参照框架
5. 民族机构和民族自决
6. 人口、社会、政治和经济状况
7. 偏见、歧视和种族主义
8. 民族内部的多样性
9. 同化与文化适应
10. 革命
11. 知识建构

五 研究族裔和文化群体经历的关键概念

1. 起源和移民。研究美国的某一族裔或文化群体时，必须考察其起源和移民模式。美国的大多数群体都来自其他国家。然而，考古学家认为，美洲原住民是在4万到4.5万年前穿过白令海峡进入北美的。在研究最早的美洲人的起源时,还必须向学生指出,许多美国原住民相信,他们是在这片土地上由神灵(Great Spirit)创造的(Hoxie,1996)。在多元文化课堂上,关于美洲原住民起源的这两种观点都应该予以介绍和尊重。

墨西哥裔美国人的祖先也是美洲原住民。西班牙征服者和美洲印第安人的后代麦斯蒂索人(mestizo)产生了一个新的民族。1848年美国-墨西哥战争结束后,美国获得了大约三分之一的墨西哥领土,约八万墨西哥人成为了美国公民(Acuña,2007)。今天,墨西哥裔人口的增长有一半来自移民,另一半来自新出生人口(美国人口普查局,2012)。

2. 共同的文化、价值观和象征。美国大多数族裔群体,尤其是非白人族裔群体,都拥有独特的文化和价值观,其形成源于族裔原始文化与美国主体文化的互动,也与应对歧视而建立的族裔机构及族裔的社会阶级地位有关。这些族裔文化现在仍处于形成和变化之中,因此是复杂、动态的,不能也不应看作是一成不变的。

族裔群体拥有独特的价值观与文化,比如,意大利裔美国人有很强的家庭观念(McGoldrick、Gortdano & Pearce,1996),美洲原住民与部落和亲属之间有强烈的认同感(Hirschfelder,1995),非裔美国人呈现出群体倾向(White & Parham,1990)。很多非裔美国人讲的黑人英语,也是一个族裔文化特征的例子(Alim & Baugh,2007;Hudley & Mallinson,2011)。

3. 民族身份与民族意识。拥有共同的民族意识和民族身份,是美国族裔最重要的特征之一(Brayboy & Villegas,2012;Cross,2012;Loma waima & McCarty,2006)。这种共同的身份感来自于共同的历史与当下的经历。族裔群体往往将自己看作,也被他人看作是独立的、有别于社会中其他群体的"想象的社群"(Anderson,1991)。具体到非白人族裔群体,如非裔和墨西哥裔美国人,他们经历的种族歧视强化了他们共同的身份意识和民族意识。一个族群共同的身份意识可以而且往往会超越国界。各族裔群体经常认为其群体成员离散在世界各地。居住在纽约和伦敦的犹太人,大多数对纳粹大屠杀也有相同的感受(Dershowitz,1997;Jacoby,2000)。多数非裔美国人也深深同情南非和巴西的黑人斗争,巴西是欧洲之外黑人人口最多的国家(Telles,2004)。

4. 视角、世界观和参照框架。同一族裔群体的成员看待现实的方式往往比较相似，有别于社会中的其他群体。这在很大程度上源于之前描述的共同民族意识和身份意识。美国多数拉丁裔倾向于积极地看待双语教育，认为他们的孩子应该会说西班牙语和英语（Gándara & Hopkins，2010）。但是，美国的拉丁裔有不同的历史背景、起源和社会阶层，因此，在拉丁裔社群内部对每个话题都有不同的看法，包括双语教育。有两位拉丁裔名人，理查德·罗德里格斯（Richard Rodriguez，1982）和琳达·查韦斯（Linda Chavez，1991），在包括双语教育在内的一系列问题上，都表达出强烈的保守主义观点。

5. 族裔机构与族裔自决。为了应对歧视与隔离，美国建立了很多族裔机构，比如，非裔美国人教会（Battle，2006）、中小学、学院、保险公司、日本及犹太社会组织等。由于满足了族裔群体独特的社会、文化和教育需求，很多这类机构今天仍然存在。为了争取特定族裔群体的公民权利、反对歧视，还建立了其他一些族裔机构，比如全国非白人人种协进会（National Association for the Advancement of Colored People）、圣约信徒反诽谤联盟（Anti-Defamation League of B'nai B'rith）、拉丁裔美国公民联盟（League of United Latin-American Citizens）和日裔美国公民联盟（Japanese American Citizenship League）等。

6. 人口、社会、政治和经济状况。要掌握美国族裔群体方面的知识，需要确定族裔群体当前的人口、社会、政治和经济状况。20世纪60年代，菲律宾裔美国人的经济状况曾是美国最低的族群之一。但是，他们现在享有很高的经济地位，主要是因为20世纪七八十年代大量技术工人从菲律宾移民到美国（Takaki，1989）。从2000年至2010年，美国的亚裔和西班牙裔人口显著增加。亚裔从1,010万增至1,440万，占美国人口的4.7%。西班牙裔在2000年仅有3,530万人口，2010年增至5,050万，在美国人口中的比例为16.3%。同期，非裔美国人口仅略有增加，从3,390万增加到3,760万，占美国人口的12.2%（Mather et al.，2011）。

一个族裔群体的经济和教育状况是会发生变化的。例如，在20世纪六七十年代，非裔和西班牙裔美国人的经济和教育状况得到了显著改善。但在20世纪80年代，这些群体的经济和教育状况却恶化了。虽然20世纪90年代有所好转，但非裔和西班牙裔美国人的贫困率仍显著高于白人。2010年，非西班牙裔白人的贫困率是9.9%，相比之下，非裔美国人的贫困率高达27.4%，西班牙裔美国人的贫困率为26.6%（DeNavas-Walt，Proctor & Smith，2011）。

7. 偏见、歧视和种族主义。每当拥有不同种族、民族和文化特征的群体产生交互，便会出现民族中心主义、歧视和种族主义（Rose，2012）。当基于种族的歧视在社会中被制度化，占主导地位的群体有权在各个机构中实施其种族思想时，就会产生制度性种族主义。过去，美国原住民、非裔、亚裔和拉丁裔美国人等群体都是美国制度性种族主义的受害者，今天依然如此。但是，今天的种族主义不像20世纪六七十年代民权运动兴起之前那么直接和嚣张。那个时期，为了响应民权运动，最嚣张的种族歧视形式都被根除了。

偏见、歧视和种族主义是理解美国和世界各国过去、现在和未来族裔群体历史的重要概念（Banks，2009b）。

8. 族裔内部的多样性。尽管族裔群体拥有共同的文化、价值观、身份意识和历史，但族裔群体内部也存在巨大的差异。在研究族裔群体时，必须始终牢记这些重要的差异（见表6.1）。否则，我们就可能形成新的成见和误解。这些差异源于区域（例如，农村还是城市）、社会阶层、宗教、年龄、性别、性取向和政治派别等因素（见第一章中的图1.2）。承认族裔群体拥有许多共同的重要特征很重要，但必须牢记，我们描述的是群体，不是个体。个体可能具有其族裔群体的所有主要特征，也可能一个特征都不具备。个体对族裔群体的认同感也同样有强有弱。

9. 同化与文化适应。当一个族裔或文化群体被同化时，便放弃了自身的特征，表现出另一个群体的特征（Zhou，2012）。文化适应描述的是一个群体因与另一个文化或族裔群体产生交互，导致群体特征发生变化的过程。在文化适应的过程中，交互群体的文化特征会互相影响，双方都会发生改变。

同化和文化适应对理解美国和世界上族裔群体的历史至关重要。在大多数社会中，占主导地位的族裔或文化群体都期望其他群体采用自己的语言、文化、价值观和行为。而且，社会中的主导群体通常会运用权力，至少在一定程度上让其他群体采用其文化和价值观。在现代社会中,当少数族裔群体坚持保留自身的重要文化特征,或者在基本上实现了文化同化之后仍不能充分参与主流社会时,通常会出现文化冲突。社会中占主导地位的文化群体,如美国的盎格鲁-撒克逊裔新教徒,经常吸取非裔美国人和美国原住民等非白人族裔群体的文化特征,却不给予他们承认或适当的公开认同。非裔美国人和美国原住民对美国文学、政体和音乐的贡献很少得到充分的承认(Weatherford,1991)。

周(Zhou,2012)在著作中运用分段同化(segmented aasimilation)的概念,描述了各族裔群体同化融入社会中不同阶层或亚文化的方式。戈登(Gordon,1964)等人关于同化的经典定义都假定,新移民群体会同化融入主流族裔和文化群体。分段同化理论则描述了新移民群体融入国家内部不同社会阶层和族裔次级社会的可能方式。例如,墨西哥新移民可能会同化进入美国的下层族裔社会,而不是盎格鲁裔中产阶级主流群体。分段同化理论最早在亚历杭德罗·波茨(Alejandro Portes)和周敏(Min Zhou)1993 年合写的一篇文章中进行了介绍。

10. 革命。政治革命出现在社会领导权发生根本性更迭的时候(Briton,1962;Marshall,1994),通常伴随着暴力动乱和武装冲突。社会中其他一些根本变化,往往持续时间很长,也被称为革命,比如工业革命和农业革命。后一种革命是社会的逐渐转变,不是一蹴而就的。革命是理解美国大多数族裔群体历史的一个重要概念,因为其历史受革命的影响巨大。革命也是美国族裔群体历史上的一个重要概念,因为与之相关的概念,如压迫、异化,变革的希望等,无论在美国还是其他国家的族裔群体历史上,都十分重要(Arthur,Davies & Hahn,2008;Kymlicka & Norman,2000)。

1680 年美洲爆发了一场重要的革命,新西班牙地区(现在的新墨西哥州)的普韦布洛印第安人起来反抗西班牙征服者。虽然革命很快就失败了,西班牙人展开了疯狂的复仇,重新征服了普韦布洛人,却是美国历史上的一次重要革命。

这场革命对不同的群体有着不同的意义,学生需要从多元文化的视角进行考察并充分理解。例如,美国独立战争对盎格鲁裔效忠派、盎格鲁裔革命派、美国原住民群体和非裔美国人都有不同的意义。此外,某些族裔群体在本国发生革命之后,纷纷逃到美国寻求自由。当1959年卡斯特罗(Castro)掌权古巴时,成千上万的古巴人逃至美国。卡斯特罗革命发生期间和之后来到美国的古巴难民,构成了古巴裔美国人社群的基石(Olson & Olson,1995)。

11. 知识建构。学生在研究美国族裔群体和文化群体的历史和现代经历时,必须了解知识和阐释是如何建构的。他们还需要了解文化经历、偏见和价值观如何影响知识的建构过程(Banks,1996)。革新性多元文化课程还能帮助学生建构自己的阐释。建构主义教与学是革新性多元文化课程的关键组成部分。

当教师让学生参与知识的建构时,学生就有机会参与建设知识,建构他们自己对历史、社会和当前事件的解释。知识建构教学法以建构主义为导向,受俄罗斯心理学家列夫·S. 维戈茨基(Lev S. Vygotsky,1978)的影响。

知识的建构受认知者群体经验的影响显著。一个群体内部建构的知识往往体现在群体的传说、神话和英雄故事之中,反映了该群体的价值观和信念。例如,小比格霍恩河战役(Battle of Little Big Horn)既可以看作是一场崇高的家园保卫战(美国原住民的版本),也可以看作是对保护盎格鲁裔美国先驱的士兵们的一场惨无人道的屠杀(当时占主导地位的盎格鲁裔美国人的看法)(Garcia,2011)。

知识建构可以出现在所有的学科和内容之中,是多元文化教育的一个重要思想。它可以用来帮助学生理解存在于数学中的10进制数字系统、自然和生物科学中的科学方法、语言技能和人文学科中文学解释背后的价值观与假设。知识建构也是指导教学活动和教学策略的重要思想,能够让学生建立起自己对过去、现在和未来的阐释。

第七章 围绕重要概念展开教学

你能列出美国革命期间发生的所有主要战役吗？或者说出 50 个州的首府？大多数人都不能。研究表明，人们会忘掉他们所学过的大部分史实（Greeno，Collins & Resnick，1996）。

大多数人不会记得美国革命期间发生的所有重大战役，却会记住革命发生的主要原因以及战争结束时的情形。大部分人也能够记住州首府多数是小城市，而不是州内最大的城市。纽约州的首府是奥尔巴尼，不是纽约城；伊利诺伊州的首府是斯普林菲尔德，不是芝加哥；华盛顿州的首府是奥林匹亚，不是西雅图。

人们往往记住的是重要、重大的思想，而不是事实细节。重大思想不只记得更久，还会帮助人们更好地了解事件和现象、对观察到的事物进行分类和划分，将一个场景中的知识迁移到另一个场景中去。

一 概念法

人们容易记住的、有助于知识理解和转化的重大思想，被称为概念和归纳（Banks & Banks，1999）。采用概念法教学，大到整个课程，小到每个单元、每一课节，都是围绕各学科和主题的关键概念和归纳来组织的。这些重要的想法能帮助学生组织、综合大量数据和信息（Taba et al.，1971），理解学科和学校科目中的基本思想，布鲁纳（Bruner，1960）在其经典著作《教育的过程》（*The Process of Education*）中将这些基本思想称为"结构"。

二 知识的类别

要设计、教授重要概念和思想的多元文化课程，教师需要了解知识的类别——事实、概念和归纳，及其相互关系。事实是对现实的低水平、具体的表述。概念是帮助人们对观察到的大量事物进行分类和划分，从而降低世界复杂性的词或短语。归纳是经过验证或证实的、包含两个或两个以上概念并陈述其相关性的命题。表 7.1 是事实、概念和归纳的示例。

表 7.1　知识的类别

概念：社会抗议
事实：1960 年 2 月 1 日，北卡罗来纳州格林斯伯勒市（Greensboro）一些非裔美国学生坐在了伍尔沃斯（Woolworth's）商店只为白人服务的午餐柜台前，由此引发了旨在清除种族隔离设施的静坐运动。
低度归纳：静坐运动、抵制运动和黑人权力运动，都是 20 世纪六七十年代为结束制度化种族主义和歧视而进行的广阔运动的组成部分。
中度归纳：当女性、残疾人、同性恋开始组织运动，要求结束对各自群体的歧视时，美国人权运动的范围便扩大了。
高度/普遍性归纳：当一个群体认识到遭受了压迫，并相信可能出现改变或改革时，就会着手组织抗议和抵抗。

在本书中归纳类似于威金斯（Wiggns）和麦克泰（McTighe，1998）所说的"重要想法"。归纳是包含重大概念的重要想法。威金斯和麦克泰认为，所谓理解，就是要求学生探索、质疑、操纵并在现实语境中运用重要的想法。理解还要求学生阐释重要想法，并验证其重要性。以下陈述就属于概括或重要想法：

- 历史上，所有社会都会用巫术、宗教或科学来解释未知的现象。
- 当一个国家中历史上遭到边缘化的群体经历了特定的事件，期望上升时，就有可能发生抗议、叛乱或者革命。

本书将对概念和归纳进行简要的论述。想要详细了解知识类别和美国主要族裔群体历史概述的读者，请参考《民族研究教学策略》（*Teaching Strategies for Ethnic Studies*）（Banks，2009b）。

三 多元文化概念课程

要打造多元文化概念课程,就必须选择更高级别的重要概念,如文化、权力、社会化、抗议和价值观,作为组织概念。希尔达·塔巴(Hilda Taba)及同事开发了最优秀的概念课程之一(Taba et al., 1971)。他们的课程是为一到八年级学生设计的社会课程。塔巴社会课程围绕的重要组织概念包括:因果关系、冲突、合作、文化变迁、差异、相互依存性、修正、权力、社会控制、传统和价值观。

跨学科多元文化课程中的重要组织概念可能具有学科独特性,比如区别于人类学的文化概念和区别于社会学的社会化概念。概念也可能具有跨学科性,比如塔巴社会课程中使用的修正和因果关系概念。

四 如何设计多元文化概念课程

1. 识别关键概念,如民族多样性、移民和同化,并围绕这些概念组织课程。选择组织课程、课节或单元所围绕的概念时,要牢记以下标准:

   a. 应该是可以用于组织数量大、范围广的数据和信息的重要概念。

   b. 应该是多个学科和主题领域用来组织和划分信息的概念,如社会科学、文学和语言技能,如果可能,也可以是物理学、自然科学和生物科学。民族多样性就是这样的概念(见表7.2)。

   c. 根据学生的实际年龄、认知发展、道德发展和以往的民族与文化经验,考虑学生的发展水平。对于低龄儿童来说,偏见和歧视的概念比种族主义的概念更适合教授。

表 7.2 各学科中的民族多样性教学

关键概念:民族多样性
关键归纳或组织归纳:大多数社会都具备民族多样性特征。
中度归纳:民族多样性是美国的重要特征。
低度归纳:

社会学科
20世纪60年代以来前往美国的新一轮移民潮,增加了美国的民族多样性。

续表

语言技能
民族多样性体现在美国语言与交流模式的多样性中。

音乐
美国的民族多样性在民俗音乐、福音音乐和通俗音乐中均有所体现。

戏剧
美国来自不同民族背景的作家创作的戏剧丰富了国家文化。

体育及运动教育
美国的舞蹈和其他形式的表现运动反映了国家的民族多样性。

艺术
美国的视觉艺术反映了国家丰富的民族构成。

家政与家务
美国的民族多样性体现于美国的食物和家庭生活方式中。

科学
美国人民多样的体貌特征加强了民族多样性。

数学
美国的数学观念和体系反映了众多不同民族、种族和文化群体的贡献,但这一点很少得到承认。

塔巴和同事(1971,第28页)给出了四个问题作为选择概念课程关键概念的指导原则。第五个问题是我加入的。

(1)有效性:它们充分代表了学科中的概念吗?
(2)重要性:它们能解释当今世界的重要部分吗?能描述人类行为的重要方面吗?
(3)持续性:它们的重要性有持续性吗?
(4)平衡性:它们能保证学生思维发展的广度和深度吗?
(5)民族与文化关联性:它们能帮助学生更好地了解美国和世界各地族裔群体的经历吗?

2. 找出与每个所选关键概念相关的重要或普遍性归纳。
3. 找出每个关键概念的中度归纳。

4. 找出与所授关键概念所在主题领域中关键归纳相关的低度归纳。多元文化概念课程是跨学科的。选择可以用于包含多个学科信息和数据的概念。表 7.2 中的示例显示了每个主题领域中的民族多样性。在实践中，有些概念只有同时涉及两或三个学科领域才能讲授清楚。在中学及以上的学校中，跨学科教学往往需要团队规划和教学。表 7.2 显示了每个主题领域中教授的民族多样性，说明概念教学法的巨大潜力。
5. 制定教授概念和归纳的教学策略与活动。本章的第二部分介绍了以下概念的教学策略：（a）历史知识建构；（b）革命。

五 概念和归纳的螺旋式发展

在多元文化概念课程中，关键概念和归纳的教授难度与深度是随着年级逐渐递增的。每升高一年级都会使用新的例子帮助学生更深入、更复杂地学习概念和归纳。图 7.1 说明如何在五年级介绍社会抗议的概念、然后一直到十二年级逐渐提高教学的深度和复杂性。

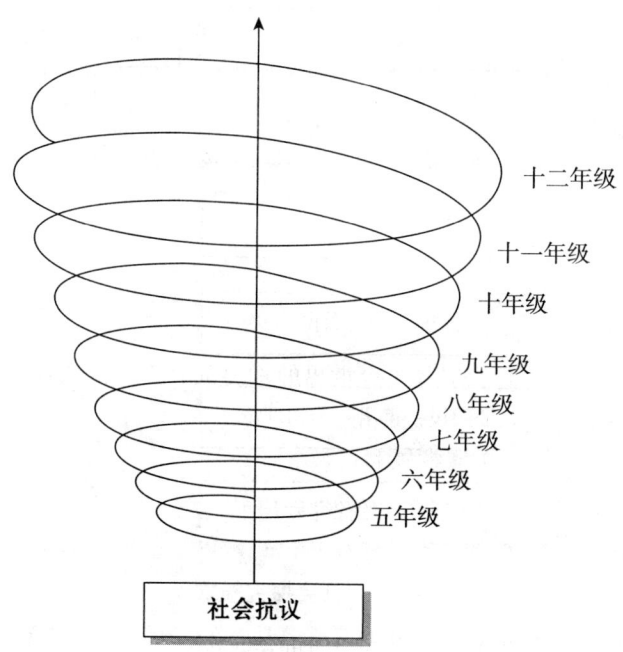

图 7.1　五至十二年级对"社会抗议"的讲授逐级深入、复杂

1. 社会科学和价值探究技能

学生掌握事实、概念和归纳非常重要，但是能够熟练地收集和评价知识，找出知识背后的偏见和假设，自己构建知识，也同样重要。多元文化课程的一个重要目标是帮助学生熟练地掌握研究和思考技巧，比如找出研究的问题和困难、提出假设、形成概念、收集和分析数据，而后归纳、得出结论。

根据班克斯建立的模型，社会科学探究的步骤如图 7.2 所示（Banks & Banks, with Clegg, 1999）。需要注意的是，在探究模式中，研究者首先要产生质疑和兴趣，然后才会发现问题。发现的问题并非凭空而来，而是基于研究者的理论和价值取向。和社会科学家一样，学生需要依赖知识才能提出

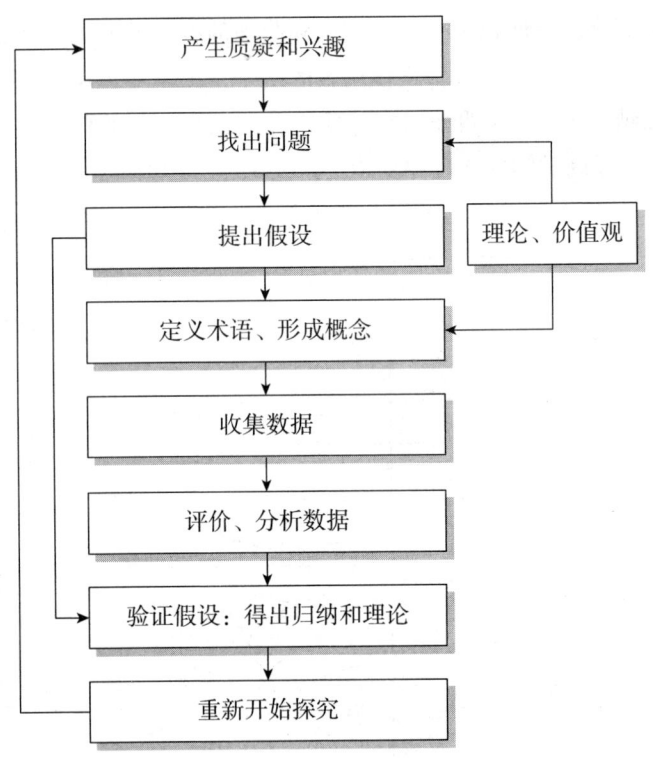

图 7.2　社会探究模式

资料来源：J.A. 班克斯和 C.A.M. 班克斯，《社会学科教学策略：决策与公民行动》（*Teaching Strategies for the Social Studies: Decision Making and Citizen Action*），第 5 版，（c）1999，第 68 页。新泽西州上沙德河区：皮尔森教育集团。已获再版及电子版制作许可。

有水平、有价值的问题。在社会科学的探究中,理论是有价值问题的主要来源。虽然以上是社会探究的基本步骤,但不一定要遵循上述的顺序。图7.2说明社会科学中的归纳不断地被验证,永远不会被看作是绝对的。因此,社会探究的路径不是线性和固定的,而是循环的。

虽然知识和技能目标非常重要,但关键在于多元文化课程能帮助学生掌握反省道德选择、做出周全决定的技能。我设计了一个价值探究模式(见第79页),可以用来帮助学生发展价值探究技能。应该给学生提供发展民主价值观、依自己的道德决定采取行动的机会。价值观教育在多元文化教育中尤其重要,因为多元文化教育致力于减少的偏见和歧视,都带有深深的价值烙印。本章最后一部分将讨论多元文化教育的道德维度。

六 围绕重要概念的课程举例

1. 关于历史偏见和知识建构的教学

多元文化教育中的知识建构部分能够帮助学生理解知识是如何建构的,如何受历史学家和其他研究人员的偏见、经验及视角的影响(Code,1991;Collins,2000;Harding,1991,1998,2012)。它还能帮助学生建构自己对过去、现在和将来的认识。在知识建构课节和单元中,学生是建构知识的积极参与者,而不是别人建构的知识的被动消费者。下面是作者编写的一个课程单元(Banks & Sebesta,1982),目的是让初中生知道历史上的知识是如何建构的,历史阐释是如何得出的。

哥伦布与阿拉瓦克人

15世纪时,欧洲人想找一条容易的通路去往亚洲,他们要与亚洲商人进行贸易。当时很多欧洲人都知道世界是圆的,他们相信向西航行就能到达亚洲。意大利水手、探险家克里斯托弗·哥伦布就是一个想要证明这个想法可行的人。多年来他一直在寻求资助,想要西行到达亚洲,也就是东印度群岛。终于,西班牙的费迪南德国王和伊莎贝拉女王同意资助他航行。1492年8月3日,哥伦布从西班牙帕洛斯出发了。他带领三艘小船——平塔号(Pinta)、尼娜号

(Niña)和圣玛丽亚号(Santa Maria),从西班牙帕洛斯出发了。1492年10月12日,哥伦布和船员在巴哈马群岛的圣萨尔瓦多登陆。巴哈马群岛位于现在的西印度群岛,我们现在使用这个名称,源于哥伦布的一个错误,他以为他已经在印度附近登陆了。即使后来其他欧洲探险家也到达过美洲,但他们仍然认为美洲是东印度群岛的一部分。这就是欧洲人称美洲原住民为"印第安人"的原因。

哥伦布笔下的阿拉瓦克人

1493年哥伦布写了一封信,讲述了他与他口中的印第安人的相遇(Mazzey,1915,第8页)。

> 他们坚信,我、船只和船员都来自天上。无论我走到哪儿,他们都挨家挨户,还跑到邻近的村子,大声呼喊"快来!快来看从天堂降临的人!"

哥伦布描述圣萨尔瓦多的阿拉瓦克人

哥伦布留有一本日记,记录了他的第一次跨海航行。下面这篇是他第一次在圣萨尔瓦多遇见阿拉瓦克人时的描述(Jane,1989,第23—24页)。他写的只是事实吗?他有没有融合自己对事实的看法?

> 事实上,他们心怀善意,对人倾其所有,索取也毫不客气,但在我看来他们是非常匮乏的一群人。他们赤身裸体,就像刚出生那样,女人也不穿衣服,虽然我只见过一个小女孩。他们不携带武器,也不认识武器,我给他们看佩剑,他们就傻乎乎地握着刀锋,割伤了手。
>
> 他们应该很适合做仆人,反应很快,能立即说出听到的话,我相信他们很容易变成基督徒,他们似乎没有任何信仰。愿主保佑,我离开的时候会为陛下带回6个。这个岛上只有鹦鹉,没见过任何野兽。

哥伦布的第二次航海

1493年1月16日,哥伦布回到西班牙。当年晚些时候,他又开始了第二次航海。这一次他发现了其他岛屿,包括现在的波多黎各群岛、维尔京群岛和牙买加群岛。

第一次航行时,哥伦布已经在伊斯帕尼奥拉岛,就是现在海地和多米尼加共和国的位置,建立了贸易站。当他回到伊斯帕尼奥拉时,发现贸易站已被摧毁。事情是这样的:哥伦布留下掌管贸易站的人残暴地对待阿拉瓦克人,阿拉瓦克人很愤怒,其中一个名叫高纳波(Caonabo)的人,带领一群阿拉瓦克人杀死了西班牙人,并摧毁了贸易站。在哥伦布发现了事情的经过后,他和部下向阿拉瓦克人发起进攻并打败了他们。高纳波被送往西班牙接受惩罚。

哥伦布索要黄金

哥伦布马上建立了新的贸易站。在美洲找到黄金运回西班牙,是他的头等大事。他必须取悦西班牙国王和王后。

哥伦布确实搞不清楚伊斯帕尼奥拉到底藏有多少黄金。为了尽可能多地获得金子，他制订了一个计划。他告诉产金区的阿拉瓦克人，他们必须尊重西班牙国王。所有14岁及以上的阿拉瓦克人必须每三个月上交一定量的金砂给哥伦布。交了黄金的阿拉瓦克人，脖子上挂着一块黄铜或铜牌用作证明，脖子上没有牌子的人就要受到惩罚。伊斯帕尼奥拉没有足够的黄金来满足哥伦布，阿拉瓦克人无法完成他对黄金的要求。有些人试图逃到山上，有些人病死了，有些人饿死了，有些人交不上黄金被折磨和杀害了，还有些人被迫当苦力或被送到西班牙当奴隶。

阿拉瓦克人

阿拉瓦克人的真实生活是什么样的？在西班牙人来到他们位于加勒比群岛的家园后一个世纪，阿拉瓦克文化就灭亡了。但考古学家利用出土文物，得以拼凑出阿拉瓦克人的故事。

一位名叫弗雷德·奥尔森（Fred Olson, 1974）的考古学家对阿拉瓦克文物进行了研究。基于从文物中得到的信息，他描述了阿拉瓦克人社群可能的面貌。他尝试还原阿拉瓦克人的1490年，当哥伦布来到巴哈马群岛的圣萨尔瓦多两年以前的生活图景。下面是弗雷德·奥尔森笔下的阿拉瓦克村子里的一天：

> 沿着河岸男人们在修补渔网，其他人在采集一种可用来毒鱼的灌木。一个男人敲打着根茎，打成类似于大麻丝的小片。从这堆片片中抓起一些扔进河岸附近的一个大池子。几分钟之后，鱼开始漂起来，浮在水面上。小男孩们蹚进水里，兴高采烈地捡起鱼，带到岸上。
>
> 村口女人们在制作陶器。有一处柴火慢慢烧尽，燃屑上的陶件就快烧好了。她们又添了几把柴，继续烧制。
>
> 附近有两个女人在揉陶土，陶土呈微红色，取自离河不远的山谷中，那里的土最好。加入少量水和沙子，让黏土的稠度合适。然后，熟练地把黏土搓成一指厚的长条，再一层一层地盘条，做出碗的大致形状。她们把沙滩上捡来的光滑石头放在手掌里，来回摩擦盘条，直到棱角消失，碗的内外都像缎面一样平整。（第218页）

1492年哥伦布第一次来到加勒比群岛时，那里大约有30万阿拉瓦克人。一百年后，几乎看不到阿拉瓦克人了，强制奴役和疾病消灭了大部分阿拉瓦克人。

哥伦布的最后航行

哥伦布在1498年和1502年进行了最后两次航海，这两回他沿着中美和南美海岸航行。1506年哥伦布去世的时候，还以为自己已经到达了印度群岛。他从来都不知道，他抵达的是美洲大陆。

在本单元，你读了哥伦布登陆美洲以及他和其他西班牙人给阿拉瓦克人带来的影响。在下一章中，你会读到其他欧洲探险者来到美洲的故事。

你有什么想法？

1. 哥伦布在日记中写道，他认为印第安人没有宗教信仰。读了弗雷德·奥尔森对阿拉瓦克人生活的报告，你认为哥伦布的想法是正确的吗？为什么？
2. 参与或目睹历史事件的人的记叙称作原始资料。历史学家读到的原始资料，可以全盘相信吗？请解释原因。

任务

1. 假设你是生活在 1492 年的阿拉瓦克人。请和另外三位同学合作，写一篇文章回应第 70 页中哥伦布的记叙。
2. 与其他三位同学进行小组合作，以本单元中的资料为基础，写一篇文章记叙哥伦布与阿拉瓦克人的相遇。然后回答以下问题：
   a. 你的记叙存在哪些局限性？
   b. 怎么做会减少记叙的局限性？
   c. 无论历史学家占有多少资料、文物和资源，历史记载总是存在局限性。这话对吗？为什么？
   d. 经过这次活动你对历史记载有些什么结论？
3. 著名历史学家卡尔·贝克尔（Carl Becker）说："每个人都是自己的历史学家。"他这么说是什么意思？他的话在多大程度上是准确的？

资料来源：最初发表在詹姆斯·A. 班克斯与山姆·斯拜斯达（1982），《我们美国人：历史和人民》(*We Americans: Our History and People*)（卷 1，第 35—43 页），马萨诸塞州波士顿：艾琳和培根出版社，已获山姆·斯拜斯达的转载许可。

2. 使用社会科学探究法讲授革命

社会科学探究

在下面讲解革命的单元，高中社会学科教师加西亚（Garcia）使用图 7.2（第 68 页）所示的探究模型讲授了一个重要概念：革命。她选择了三场美洲革命作为例子：（1）1680 年新墨西哥的普韦布洛部落反抗西班牙人的普韦布洛革命（Pueblo Revolution），（2）英国殖民地革命（1776 年），（3）1810 年墨西哥革命。

引起质疑和兴趣：激励学生

在讲解这一单元时，加西亚女士先让学生进行《星球大战》的模拟游戏（Shirts，1969）。在游戏中经过一轮筹码交换，参与者根据所拥有的点数被分为三组：方形组（点数最多）、圆形组（点数最少）和三角形组（点数居中）。然后加西亚女士分配筹码，所有参与者都不知道方形组分得的筹码多于其他两组。

这样，一个高度分化且流动性差的社会就建立起来了。方形组处于明显的优势地位，加西亚女士给了他们制定游戏规则的权力。他们制定的规则有利于保持自己的权力。圆形组和三角形组感到非常愤怒和沮丧，称这些规则是独裁的法西斯主义。这种沮丧情绪十分高涨，游戏以其他组反抗规则和方形组而告终。

提出问题和假设

加西亚女士以模拟游戏为载体，开始讲解革命这一单元，并让学生列出问题，探讨社会中革命条件的形成。她向学生提出以下问题：

1. 圆形组和三角形组为什么感到非常愤怒和沮丧？
2. 在实际生活中你有过这样的经历吗？如果有，是什么情况？为什么你会产生这样的感觉？你是怎么处理的？
3. 模拟游戏是如何结束的？为什么以这样的方式结束？
4. 你能举出例子，说明历史上或现代社会中有哪些人和群体产生过和游戏结束时三角形组与圆形组一样的感受吗？

加西亚女士通过不断提问，给出线索，让学生们讨论下面这些例子：（1）17世纪反对英格兰教会的英格兰朝圣者，（2）18世纪晚期对英国税收感到愤怒、却没有代表权的美洲殖民者，（3）19世纪30年代被迫从东南部家园搬到俄克拉荷马州的切诺基印第安人，（4）20世纪三四十年代经历了歧视和迫害的德国犹太人，（5）20世纪五六十年代遭到歧视的非裔美国人。

加西亚女士提出一个问题：让这些群体产生愤怒的条件是什么？（加西亚女士尝试让学生提出能够导致愤怒和反叛条件的假设。）学生记录下让这些群体感到愤怒的各种条件。

加西亚女士让学生想象三角形组和圆形组的感受，列出个人和群体在愤怒时可能做出的事情，就像20世纪三四十年代的德国犹太人或者1776年的美洲殖民者。学生列出这些群体可能（1）让当局知道他们有多么不满意，（2）尝试改变法律和规则，或者（3）迁移到另一个地方或国家。

加西亚女士接着提问，如果这些选项都没有可能呢？如果这些选项都不能帮助改善遭受了不公平待遇的人们的境遇呢？那么他们可能会怎样做？通过不断地提问、给出线索并举例，加西亚女士帮助学生得出结论：如果所有的努力都不能改善他们的境遇，那么这些群体在特定条件下可能会试图推翻政府。

加西亚女士告诉学生，受社会中很多条件的影响，感到不公平对待的群体可能会做出多种不同的举动，包括发起一场抗议、迁移、骚乱，甚至在某些情况下，试图推翻政府。她指出，在课堂讨论的大多数例子中，这些群体并没有试图推翻政府。她问道，你觉得一个愤怒的群体在想要推翻政府之前，必须出现什么特定的条件？（加西亚女士试图让学生提出革命发生原因的假设。）学生们将得到的假设做成列表。

在推翻旧政府，建立新政府时会发生什么？加西亚女士让学生们谈谈自己的想法。（加西亚女士试图让学生去假设在革命发生、建立新政府的过程中会发生什么。）学生们也记录下这些假设。

加西亚女士帮助学生总结他们提出的、并在本单元将要学习的主要问题：
1. 一个国家或社会中发生什么事情会使群体感到愤怒？
2. 当群体对政府和国家官员对待他们的方式感到愤怒时，会做出什么事情？
3. 在什么条件下感到愤怒和遭到不公正对待的群体会试图推翻政府？
4. 当政府被推翻时，会出现什么情况？
5. 新政府会消除导致旧政府被推翻的因素吗？

对概念进行定义

加西亚女士告诉学生，课堂上已经讨论了两个社会科学家用具体概念进行描述的主要思想。模拟游戏结束时三角形组和圆形组感受到的沮丧与无力，被社会学家称为疏离感。被疏离的个体和群体感觉无法控制自己的命运，也不能对所在社会中的重要事件产生任何重大影响（Marshall，1994）。她告诉学生，当一国政府突然被推翻，并建立起新政府，便称之为革命。加西亚女士给学生提供了克瑞恩·布林顿（Crane Briton，1962）对革命的定义："负责一个主权政治实体运行的群体，突然被另一个群体用激烈的方式所取代"（第4页）。

加西亚女士告诉学生，革命一词有很多不同的用法。（加西亚女士举例说明，革命也可以意味着对事情进行彻底的改变。）她说，在该单元中革命是一个政府突然被另一个政府所取代的意思。

收集数据

加西亚女士决定采用讲解、课堂讨论和小组学习等形式来提供和收集数据。她主要从1789年法国大革命中选取材料，用了几堂课概述革命发生的主要原因，革命的一些主要特征，以及革命发生之前的形势。每次讲解都会加入讨论环节，她向学生提出了高度概括的问题，帮助他们形成革命特征和革命发生条件的概念与归纳。

加西亚女士将学生分为三组，让他们独立研究三场美洲革命：1680年的普韦布洛革命；1776年的英国殖民地革命；1810年的墨西哥革命。学生制作了表7.3中的信息提取表，指导每组的研究。

除了讲解之外，加西亚女士还在班里开展了信息收集活动。学生们阅读克雷恩·布林顿的《革命的解析》（*The Anatomy of Revolution*）（1962）中的第一、二、九章。在该书中，布林顿通过分析英国（1649）、美国（1776）、法国（1789）和俄罗斯（1917）的四场革命，得出关于革命的归纳。学生们还要阅读乔治·奥威尔（George Orwell，1946）变相讽刺俄国革命的政治小说《动物庄园》（*Animal Farm*）。

表 7.3 关于"革命"的信息提取表

问题	普韦布洛革命 1680	美国革命 1776	墨西哥革命 1810
哪些人或群体掌握着权力？			
哪些人或群体想要获得权力？			
革命的主要原因有哪些？			
引发革命的事件是什么？			
谁得到了什么或失去了什么？			
革命刚结束后，发生了什么？			
从长期来看，革命的后果是什么？			

评估数据和概括归纳

三个研究小组收集信息时，会对结果进行分析，确保能回答表 7.3 中的所有问题。每组用不同的形式向全班呈现自己的研究发现。研究普韦布洛革命的小组用戏剧的形式展现他们的发现，讲述人一边描述革命中的高潮部分，同组其他成员一边表演出来。这组是这样描述普韦布洛人被西班牙人再次征服、革命最终失败的情形的：

祭司坡普（Pope）死了，普韦布洛部落已经厌倦了战斗，他们又病又饿。1692 年巴尔加斯（Vargas）带到圣菲（Santa Fe）的士兵不足一百人。他高大、自信、举止沉稳，不费一枪一弹便占领了城镇。然后，他逐一走到普韦布洛人身边，劝服这些印第安人再次接受西班牙的统治，在此过程中没有开过一枪。他就以这种方式为西班牙"征服"了 73 个普韦布洛人。

研究英国殖民地的小组准备了一幅引人注目的壁画，描绘这场革命中的重大事件。学生们在做班级展示的时候和大家分享了这幅壁画。研究墨西哥革命的小组以专题讨论的形式展示其发现。

在每个小组演示期间及之后，学生们使用表 7.3 的信息提取表，对三次革命进行了归纳概括。学生们讨论了这三次革命的异同。普韦布洛革命与其他两场革命差别最大，因为这次革命最终失败，普韦布洛部落被西班牙人重新征服。学生们将自己的结论与布林顿在《革命的解析》最后一章进行的概括做了对比。他们还将自己的研究结果与奥威尔在《动物庄园》中发表的对革命的看法进行了比较，并讨论小说能在多大程度上提供洞察现实社会的依据。

在该单元结束时，加西亚女士不仅成功地帮助学生得出了革命的概念和归纳，还帮助他们敏锐地了解到历史学家在重构历史事件、建立因果关系、进行准确归纳时面临的困难。

3. 一堂多元文化数学课

在第三章中,我提到过数学和科学教师回应多元文化教育的方式主要是通过实施平等教学法或文化适应性教学策略。平等教学法指教师采用各种技巧和教学方法,促进不同种族、民族、文化和社会阶层学生的学业成绩。

很多数学教育工作者实施的理论和实践工作,将有助于教师增加对所有学生的数学教育公平性(Nasir & Cobb, 2007; Walker, 2012a, 2012b)。研究表明,文化回应式教学策略可以提高学生的学习积极性,帮助不同群体学生掌握包括数学和科学在内的不同学科的教学内容(Walker, 2012a; Lee & Buxton, 2010)。特里斯曼(Treisman)(1992)发现,在他建立了让非裔美国学生参加的研究小组时,非裔学生的大学微积分成绩大幅度提高。研究发现,小组学习能够帮助来自不同群体的学生提高学业成绩(Cohen, 1994; Horn, 2012)。虽然我认为数学和科学教师应该侧重平等教学法和文化适应性教学,但有些公平教学和文化适应性教学正在将多元文化内容纳入各学科领域的教学之中,比如下面展示的数学课。

教师将多元文化内容融入数学可以采用族裔数学(ethnomathematics)中课程开发人员给出的概念和实例(Creer et al., 2009; Mukhopadhyay & Creer, 2012; Powell & Frankenstein, 1997)。族裔数学是一个用来描述不同文化群体数学实践的术语。施行族裔数学的一个例子是学习墨西哥阿兹特克人发明的复杂的、以20为单位的计数系统,而我们使用的十进制是以10为基本单位的。

以下资源包含了族裔数学方面的课程专家设计的多元文化数学实例,教师可以将其纳入到自己的数学课中:

艾迪生·韦斯利(Addison-Wesley, 1993),《数学、科学和技术中的多元文化主义:阅读材料和活动》(Multiculturalism in Mathematics, Science, and Technology: Readings and Activities),加利福尼亚门洛帕克:艾迪生-韦斯利出版社。

M. 阿谢尔(Ascher, M., 1991),《族裔数学:多元文化视角下的数学思想》(Ethnomathematics: A Multicultural View of Mathematical Ideas),加利福尼亚帕西菲克格罗夫:布鲁克斯/科尔(Brooks/Cole)出版社。

M. 阿谢尔和R. 阿谢尔(Ascher, R., 1981),《结绳文字密码:一项媒介、数学与文化研究》(The Code of the Quipu: A Study in Media, Mathematics and Culture),密歇根安阿伯:密歇根州大学出版社。

下面介绍的这堂课,为了给学生提供实践数学技能和运用数学知识的机会，将文化适应性教学中十分有效的小组学习策略（Cohen，1994；Treisman，1992）与族裔内容结合在一起。

使用国外出生的美国人数据练习数学知识和技能

本节课包含的重要思想

数学技能可以帮助我们更好地了解美国的移民趋势，社会科学则可以帮助我们对这些趋势进行解读。

课程目标

在本节课中，学生们将利用他们的数学知识和基本技能，更好地了解美国的移民趋势和模式。

1. 给学生发一份从"1980年以前"到"2000年或之后"各个时期在外国出生的美国人比例分布图（见图7.3）。让学生分组作业，按照图7.3中划分的四

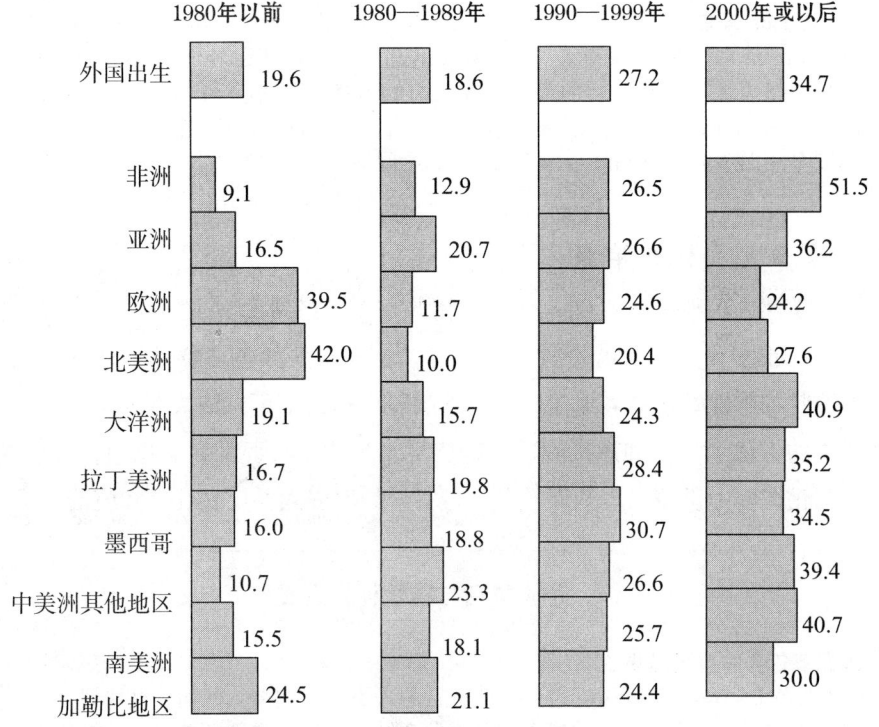

注：由于四舍五入，有些百分数的总和不是100.0。

图 7.3 美国的外国出生人口：录入时间为 **2010** 年。

个时期，做出图表说明各个时期在哪些洲和国家出生的美国人数量最少，哪些洲和国家数量最多。还要让学生观察、描述 1980 至 2000 年之后美国的外国出生人口出现了怎样的变化趋势。

2. 要求学生观察、描述亚裔外国出生人口的比例在四个时期的变化趋势。然后让学生提出假设，解释他们观察到的亚裔外国出生人口的趋势。

3. 让学生分组作业，制作图表表示四个时期中来自非洲、欧洲、北美洲、大洋洲、拉丁美洲、墨西哥、南美洲和加勒比地区的外国出生人口的比例。要求学生观察、识别他们图表中呈现的趋势，并提出假设予以解释。

通过制作图表可以锻炼的技能

在制作上述图表的过程中，学生会练习到多项数学技能，包括如何阅读和解读图表中的统计数据、加法和比例的解读。

本节课的参考书目

E.M. 格瑞克（E.M.Grieco）、Y.D. 阿科斯塔（Y.D.Acosta）、G.P. 德拉克鲁斯（G.P.de la Cruz）、C. 甘比诺（C.Gambino）、T. 格林（T.Gryn）、L.J. 拉森（L.J.Larsen）、E.N. 特利维廉（E.N.Trevelyan）和 N.P. 沃尔特斯（N.P.Walters，2012 年 5 月），《外国出生的美国人口：2010》（*The Foreign-Born Population in the United States: 2010*），美国社区调查报告，华盛顿特区：美国人口普查局。2012 年 8 月 6 日摘自 http://www.census.gov 网站。

4. 一堂多元文化科学课

科学课中的概念可以纳入多元文化课程，用来帮助学生加深对科学概念的理解。很多与科学和健康相关的主题，比如皮肤颜色或特殊群体高发病，例如镰状细胞性贫血、高血压和黑色素瘤等疾病，都可以纳入多元文化课程。用科学的方法来支持和质疑种族与种族主义是非常重要的科学思想，可以在多元文化课程中讲授。本节课的重点是科学如何嵌入并反映社会和政治背景。

种族类别与科学种族主义

本课节包含的重要思想

种族是科学家依据生理遗传特征进行的人类群体划分。然而，这些划分大多并不合理。今天，种族的概念主要指社会结构，种族类别随着时间的推移而发生变化，反映概念产生的时代和社会特征。有些科学家建构的种族概念，是为了证明歧视具有特定生物学特征的群体是合理的。

课堂目标

学生将学到种族的建构反映了社会和历史背景，种族思想会随着时间的推移而发生变化，科学家建构的种族观念反映了他们生活的时代特征，有些种族观念是为了证明一些种族和族裔群体遭受的歧视和不平等待遇是合理的。

1. 让学生说说都存在哪些种族群体或类别。把他们的想法写在黑板上，然后让他们把自己对种族群体的想法与字典、百科全书和互联网上找到的定义和类别进行比较。学生会发现科学家对种族的建构是试图依据遗传生理特征进行的人口群体划分。但是，他们在审视众多不同类别的种族群体时，也会发现这是一项非常艰巨的任务，种族的定义和类别多种多样，而且会随着时间的推移发生变化。

2. 向学生提供《美国传统大学词典》(*The American Heritage College Dictionary*) 中给出的种族定义（2000，第1440页）："或多或少具有显著遗传性生理特征的地方或全球人口。"

3. 使用古尔德（Gould, 1996）的著作《误测人类》(*The Mismeasure of Man*) 中的内容，告诉学生19世纪的科学家相信人类种族群体有不同的起源，白种人优越于其他种族（Nott & Gliddon, 1854）。这些科学家利用颅骨测量法，即测量、比较头骨的方法，来宣称种族群体的差异（Gould, 1996）。让学生调查英国科学家弗朗西斯·高尔顿爵士（Sir Francis Galton, 1822—1911）的研究与成果，他是优生学的创始人之一，查尔斯·达尔文（Charles Darwin）的表弟。

4. 和学生分享古尔德（1996）的著作内容，了解由斯坦福大学的刘易斯·M.特曼（Lewis M. Terman）等研究人员开发的智力测验，是如何在颅骨测量法遭到抛弃之后，还在体现颅骨测量法的支持者们宣扬的种族差异思想的。

5. 让学生从互联网和其他来源中寻找今天科学家们使用的种族类别，然后与1840年、1850年和1860年美国人口普查局采用的种族类别进行比较。在这三次人口普查中，都包括了专指有白人血统的黑人的类别"黑白混血儿（mulatto）"，但并没有对该类别进行定义。在1870年和1880年的人口普查中，"黑白混血儿"被正式定义为包括"有四分之一黑人血统、有八分之一黑人血统，以及所有携有非洲血统的人"（Davis, 1991）。黑白混血儿这个类别在1920年的人口普查中被弃用，"黑人（black）被定义为有黑人祖先的人"（Davis, 1991）。

6. 让学生调查20世纪早期用来区分白人族裔群体的各种种族类别。各白人群体成为可以比较的独特种族，比如凯尔特人、斯拉夫人、希伯来人、伊比利亚人、地中海人和盎格鲁-撒克逊人等（Jacobson, 1998）。盎格鲁-撒克逊人被列为最优秀的种族。1907年成立的进行移民调查的迪林姆委员会（Dillingham Commission）得出的结论是，来自中欧、南欧和东欧的新移民与来自北欧和西欧的老移民在移民特点和原因方面存在显著差异。这种思想在《1924年移民法》(Immigration Act of 1924)中达到了顶峰,该法案严格限制中欧、南欧和东欧的移民配额,公然对他们进行歧视。

7. 让学生对利奥·弗兰克(Leo Frank)的案子进行调查。弗兰克是犹太裔北方人,是反犹主义和种族仇恨的受害者,他被指控谋杀了一个白人女孩,这个女孩在佐治亚州亚特兰大市他与别人共同经营的一家铅笔厂上班。1915年,他被不公平地判决有罪。当佐治亚州州长为他减刑时,一个白人暴徒强行把他从监狱中带走,施以私刑处死。需要向学生指出,弗兰克被看作犹太人,而不是白人。给学生播放由倡导宽容机构(Teaching Tolerance)[南方贫困法律援助中心(Southern Poverty Law Center)的一个分支]制作的录影带《仇恨的巨大阴影》(The Long Shadow of Hate)中庭审和判决弗兰克的片段。

8. 让学生总结、归纳种族类别如何变化、科学家过去和现在在这些变化中发挥的作用,以及科学如何反映所在的社会环境。

本节课的参考书目

F.J. 戴维斯(Davis, F. J., 1991),《黑人是谁:一个国家的定义》(Who Is Black: One Nation's Definition),宾夕法尼亚州大学城:宾夕法尼亚州立大学出版社。

S.J. 古尔德(S. J. Gould, 1996),《误测人类》(The Mismeasure of Man)(修正版),纽约:诺顿(Norton)出版社。

I.F. 洛佩斯(López, I. F., 1966),《白人制定的法律:种族的法律建构》(White by Law: The Legal Construction of Race),纽约:纽约大学出版社。

C. 穆克霍帕雅亚(Mukhopadhyay, C.)和 Y.T. 摩西(Moses, Y.T., 2012),种族教学(Race, teaching about),选自 J.A. 班克斯编著的《教育多样性百科全书》(第3卷,1737—1742页),加利福尼亚州,千橡市:塞奇出版社。

V.O. 彭(Pang, V. O.)、J.M. 彭(Pang, J. M.)和 C. 克拉克(Clack. C., 2012),种族和人类的基因组变异(Race and human genome variation),选自 J.A. 班克斯编著的《教育多样性百科全书》(第3卷,1747—1752页),加利福尼亚州千橡市:塞奇出版社。

七 多元文化课程的价值探究

多元文化课程应帮助学生识别、审视、厘清自己的价值观;考虑替代价值观;并在一个普遍尊重个人尊严的社会中捍卫自己的反思性价值选择。教师可以使用我制作的价值探究模型,帮助学生确定和厘清他们的价值观,并做出反思性道德选择(Banks & Banks, 1999)。班克斯价值探究模型由以下九个步骤组成：

1. 定义和识别价值观问题
2. 描述与价值观相关的行为
3. 说出行为体现的价值观
4. 确定所描述行为中的价值冲突
5. 对所分析价值观的可能性后果提出假设
6. 说出可以替换观察到的行为所体现的价值观的价值观选项
7. 对所分析价值观的可能性后果提出假设
8. 宣布价值观偏好：做出选择
9. 阐述价值观选择的原因、源头和可能性后果：进行辩护、假设和预测

可以使用各种材料和资源来引发多元文化话题和主题的价值探究与讨论，比如类似本章中描述的历史探究课中使用的资料、报纸上的特写故事、教科书中描述的话题和事件，以及下面这样的开放性故事。在使用下面的开放性故事"想在雷克伍德岛安家置业"（Banks，2009b）时，可以采用价值探究模型提出类似故事下方给出的问题，激发关于价值观的讨论与决策。

想在雷克伍德岛安家置业

大约一年前，一对年轻的非裔美国夫妇琼和亨利·格林从西海岸搬到中西部的一座大城市。他们搬到这里是因为亨利拿到了化学博士学位，在这里的一所大学中找到一个职位。格林夫妇搬来之后，一直租住在市中心的一所公寓。他们决定买一栋房子，公寓太小，装不下一年来积攒的大量书籍和其他东西。他们想买房子，除了需要更大的空间之外，还因为可以减免所得税，而租住公寓是不能免税的。格林夫妇也觉得买房会是一项很好的金融投资。

格林夫妇决定在郊区找一处社区。他们想要一套新房子，城区的房屋大都是旧房。而且花同样的钱可以在郊区买个更大的房子。他们看了几个社区，觉得最喜欢雷克伍德岛。雷克伍德岛是一个以白人为主的社区，居民基本上是下层中产阶级和中产阶级。岛上也有几户富人，但只是极少数。

琼和亨利·格林想要在雷克伍德岛置业却遭遇了重重困难，感到十分沮丧。他们去看房子之前，仔细地研究了报纸上的广告。去看第一栋感兴趣的房子时，主人告诉他们房子刚刚卖出去。一周后他们决定与房地产经纪人合作。就在他们想要和下一家房主交易的时候，经纪人告诉他们，房主把价格提

高了4万美元，因为他对房子做了评估，发现他的售价太低了。当格林夫妻试图买雷克伍德岛上的第三栋房屋时，房主告诉他们他决定不卖了，因为他没有收到另一座城市的工作邀请，他本来挺有把握拿到邀请的，便把房子拿去挂牌出售了。他解释说，一周以前他就通知房地产经纪人房子不卖了，但是经纪人还没有撤下报纸上的广告，而与房主合作的经纪人几天前已经离开了房地产公司。亨利感觉很心酸，认为自己和妻子遭到了种族歧视。琼却认为亨利有些偏激，他们经历的这一系列事情可能发生在任何人身上，与种族无关。（第217、219页）

1. 本案例中的主要问题是什么？
2. 琼·格林的价值观是什么？亨利·格林呢？房地产经纪人呢？那些房主们呢？他们的哪些行为体现了你列出的价值观？
3. 琼·格林、亨利·格林、房地产经纪人及各位房主，这些个体的价值观有什么异同？为什么？
4. 琼·格林、亨利·格林、房地产经纪人及各位房主，为什么这些个体的价值观会存在相同点和不同点？
5. 琼·格林、亨利·格林、房地产经纪人及各位房主，这些个体还可能接受什么样的价值观？
6. 琼·格林、亨利·格林、房地产经纪人及各位房主，这些个体的价值观和行为可能会带来什么后果？
7. 格林夫妇该怎么办？
8. 格林夫妇为什么应该这么做？采取你所说的行动可能带来什么后果？
9. 如果你是格林家的一员，你会怎么做？为什么？

八　概念教学与课程改革

多元文化教育的一个重要目标是改革课程，培养学生理解知识是如何建构的，以及知识在多大程度上受到知识创造者的个人经验、社会经验、文化经验和性别经验的影响（Code，1991；Collins，2000；Harding，2012）。围绕重要思想和概念组织课程，有助于发展注重知识建构和思维能力形成的教学策略和学习经验。本章描述了设计及实施概念性和革新性多元文化课程的方法。

第八章 学校改革与群际教育

今天和未来的学校教师与管理人员应该掌握与不同文化群体的学生相处所需要的知识、态度和技能，帮助所有学生建立积极的种族态度。教师和管理人员还需要重组学校，以便能有效地应对美国和世界不断增强的多样性，培养在知识服务型全球经济中有竞争力的未来公民。

本章的第一部分将介绍与美国不断变化的民族结构和未来劳动力相关的人口趋势与发展变化，阐明为什么学校必须面向培养 21 世纪需要的劳动力并进行重组，以及多元文化学校改革的主要变量。

第二部分将描述儿童种族态度的特点以及帮助学生掌握积极的种族态度、价值观、信念和行动的指导原则。这类知识是今天在文化、种族和语言多样性学校供职的教师和管理人员必备的技能。

一 人口趋势与劳动力的持续变化

美国劳动力队伍面临的一些主要问题，对教师和管理人员的专业工作产生着重要的影响。教师和管理人员需要了解这些趋势，并参与旨在重组美国中小学和高等教育机构的学校改革，才能灵敏、有效地应对这些人口趋势。我将这些趋势称作人口必须性（demographic imperative）。

在接下来的几十年中，美国将有大批人员退休，进入劳动力市场的新生力量少之又少。1980 年，美国人口中 65 岁及以上者的比例是 11.2%。美国人口普查局预计，到 2040 年美国 65 岁及以上人口的比例将达到 20.4%

（Jacobson, Kent, Lee & Mather, 2011）。美国劳动力人口的年龄也越来越大。1990年，11.9%的平民劳动力年龄超过55岁。到2020年，处于该年龄组的劳动力将达到25.2%（Toossi, 2012）。在未来几十年中，养活老年人员的成本会持续增加。为退休人员提供社会保障基金的工人数量在减少。在20世纪50年代的繁荣时期，17名工人养活一名退休人员。2011年，这个比率大约是2.6:1（Rampell, 2011）。到2050年，非白人人种在劳动力中的比例将达到近47%（Toosi, 2002）。如果对非白人学生的教育不能迅速、显著提高，将有大批我们指望为退休工人提供收入的劳动人员不具备必需的技能和知识，无法有效进入知识与服务型劳动力大军。

美国经济正在日益全球化。2010年，外国在美国的商业和地产投资额为2,360亿美元，与2000年相比有所下降，2000年创下的外国投资记录达到3,000亿美元（Jackson, 2012）。美国和其他一些现代化国家，已经摆脱了农业社会，进入到工业社会、知识/服务型社会。弗里德曼（2005）将我们生活的世界称为平面世界，因为在西雅图、伦敦和巴黎接受教育的人员必须和在印度的新德里和巴基斯坦的卡拉奇上学的人员竞争工作岗位。技术的发展可以让公司将工作岗位安排在发展中国家，那里的成本要远远低于西方发达国家。今天新创造的财富大部分来自服务行业（Johnson & Packer, 1987）。此外，西方国家的雇主并不限于在国内寻找技术知识型员工。西方发达国家的人员必须与世界各地的技术知识人员进行竞争。

进入21世纪后，非白人人种在劳动力队伍中的比例越来越高。2010年，非西班牙裔白人在劳动力人口中的比例是67.6%（Toosi, 2012）。他们在劳动力大军中的比例将逐渐减少，到2020年会降至62.7%，而非白人人种在劳动力人口中的比例将达到37.3%（Toosi, 2012）。

如果继续保持这种趋势，相当比例的美国工人具备的知识和技能将无法满足社会对劳动力的知识和技能需求。2010年，约32.5%的美国劳动力是非白人人种（Sommers & Franklin, 2012）。在未来的几十年中，这一比例还将逐步提高。由于亚裔和西班牙裔移民美国的比例较高，而且由于西班牙裔的中青年较多、生育能力较强，因此亚裔美国人和西班牙裔劳动力预计比其他群体增长得更快。

亚裔在劳动力人口中的比例将从 2010 年的 4.7% 增加到 2020 年的 5.7%。同期，西班牙裔将从 14.8% 增至 18.6%（Sommers & Franklin，2012）。2010 年非裔美国人在美国劳动力中的比例为 11.6%，预计 2020 年将达到 12%。其他所有族裔和种族群体的比例预计会从 2.4% 增加到 2020 年的 2.9%（Sommers & Franklin，2012）。

教育、卫生和贸易等领域中的知识型服务工作，需要高级推理、分析、量化及沟通能力。如今，大多数公司都是跨国公司，能在世界上任何国家或地区寻找技术人员完成所需的工作。在 PBS 电视台播出的《学在美国》（*Learning in America*）系列剧中，一家美国保险公司会定期将文案空运给都柏林的员工，因为公司觉得那里的员工比本土员工更能干。这家美国保险公司将工作发往都柏林，可是在一些位于旧城区的社区中，非裔美国青少年的失业率却高达 30% 到 40%。

将工作送往国外的趋势将来可能会进一步加剧，对美国非白人族裔群体的公民生产力发展造成严重的问题。美国和世界各地对高级技术人员的需求越来越大。然而，如果大多数美国非白人青少年保持目前的教育成绩水平，美国本土公民将很难满足国家对劳动力的需求。

然而，16—24 岁年龄组的辍学率趋势还是令人欣慰的。1990 至 2010 年，白人、黑人和西班牙裔的辍学率均在下降。但是，非裔和西班牙裔的辍学率仍显著高于非西班牙裔白人以及亚裔和太平洋岛民后裔。在此期间，白人的辍学率从 9% 降至 5%，非裔从 13% 下降到 8%，西班牙裔从 32% 降至 15%。辍学率最低的是亚裔和太平洋岛民后裔（4%）以及白人（5%）（Aud et al.，2012）。如果不降低非裔和西班牙裔的辍学率，提高他们的学业成绩，将会有很大一部分美国工人的技能不符合劳动力市场的需求。

许多学者已经论述过很多非白人男性青年经历的"学校-监狱路径（school-to-prison pipeline）"。克拉克（2012）这样描述学校-监狱路径：

正式和非正式教育、法律执行过程和政策将以黑人和拉丁裔男性为主体的幼儿园至高中学生推出校门，送进少年和成人刑罚体系。（第 1894 页）

达琳·哈蒙德（Darliy-Hammond，2010）描述了美国的高收监率与教育不足、种族、失业之间的关联。美国有5%的世界人口，但收监人数却占世界的25%。美国监狱中的囚犯大多数是高中肄业，还有许多几近文盲，有学习障碍。绝大多数监狱囚犯是非白人人种和社会最底层人口（Alexander，2010）。美国的监狱人口不断膨胀，各州监狱预算的增长速度几乎是教育预算的三倍。

未来，将有充足的科学、技术和服务工作，但是潜在劳动力（约三分之一将是非白人人种）却不具备完成工作的知识和技能。这是因为，到2020年学龄人口中非白人人种的比例将不断增加，可是很多非白人青年却在接受着低质量的小学和中学教育。

在接下来的几十年中，满足美国劳动力需求的白人数量，特别是男性白人的数量，将出现短缺。因此，为满足劳动力需求，女性和非白人人种将大量进入科学和技术领域。2009年，美国学院和大学的博士学位，多数（57%）都授予了国际学生。外国学生获得了美国高等教育机构授予的54%的各类计算机科学学位和51%的物理学博士学位，他们获得的各类科学和工程学位占美国学院和大学的三分之一（美国国家科学基金会，2012）。《时代》杂志1989年9月11日刊称，"科学赤字威胁着美国的繁荣，甚至可能威胁到国家安全。"

白人在美国新增劳动力和国家人口中的比例逐渐下降，一方面因为白人的出生率低，另一方面，来自欧洲的美国移民比例很小。2000至2009年间，美国的大部分合法移民来自拉美各国（41%），34%来自亚洲国家，15%来自欧洲国家和加拿大，10%来自其他国家，包括加勒比各国（Martin & Midgley，2010）。

美国正在经历自1880—1924年间以来最大的移民潮，那时大批移民从欧洲南部、东部和中部来到这片土地。上世纪90年代移民巅峰时期，每年约有100万移民进入美国。由于白人出生率低，亚洲和拉美移民大量涌入，这些群体的出生率又很高，导致美国人口中的白人比例增长极其缓慢。

2000至2010年，非西班牙裔在美国人口中的比例从69.1%下降至63.7%。非裔美国人的比例从21.1%增至21.2%，亚裔从3.6%增至4.7%，西班牙裔从12.5%增至16.3%（Mather et al.，2011）。

2010年，非白人人种在美国人口中的比例是36.3%（Mather et al.，

2011）。由于移民和非西班牙裔白人的低出生率，在可预见的将来，非白人人种在美国人口中的增长比例会超过白人的增长比例。非西班牙裔白人比西班牙裔白人的出生率低，部分原因是前者的中位数年龄远远高于后者。美国人口普查局（2012）预计，到2042年白人和非白人人种将各占美国人口的50%（Mather et al., 2011）。

二 学校改革

1. 重组学校

前文所述的人口和社会趋势带来了一个重要的启示，教育的主要目标必须是帮助低收入家庭学生、语言少数派学生和非白人学生发展在本世纪融入主流劳动力和社会所需要的知识、态度和技能。这一目标非常重要，但还不够充分，在我看来，如果不对教育机构进行重组，把这些新目标和理念制度化，这个目标就不可能实现。如果美国想要成为一个强大、民主和公正的社会，我们还必须重新思考美国社会和民族国家的目标。

我认为美国的学校，按照目前的结构、理念和组织形式，不能帮助大多数非白人学生和语言少数派学生获得在本世纪知识型社会中立足所需要的知识、态度和技能，尤其是那些经济贫困、自身文化与学校文化存在重大差别的学生。过去，美国学校面向的人口与今日不同，那时移民和贫困的年轻人不需要识字或者掌握基本技能就能找到就业机会，成为自食其力的公民（Cremin，1988；Graham，2005）。20世纪初大批移民进入美国时，也不需要多少正式知识或技能，就能在重工企业找到工作。因此，那时学校的就业准备功能并不重要。

为了帮助未来公民在本世纪成为有效且具备生产能力的公民，美国的学校必须进行重组。我所说的重组，是指彻底审视学校的目标、价值观和宗旨，并对学校进行重组。重组过程中，整个系统都被看作存在问题且需要改革的对象（Darling-Hammond，2010）。渐进式或点滴式变化都是不充分的改革策略。

要想重组学校，需要有远见、变革型的教育领导者。伯恩斯（Burns,

1978)在其力作《领导力》(*Leadership*)一书中,指出有两种类型的领导者:变革型和交易型。变革型领导者具有远见,能运用远见来激励人们采取行动。这与交易型领导者形成对照,后者奉行交易原则:"如果你帮我,那我也会帮你。"交易型领导者普遍存在于我们的教育机构和广大社会之中,他们不激励人们采取行动,也不会推动应对上述人口必须性的各种改变。为了应对人口必须性,我们需要对未来有远见卓识、有向他人描述愿景的技巧和能力的变革型领导者。

学校应该帮助不同文化和群体的年轻人掌握在本世纪成功立足所需要的知识、态度和技能。要实现这个目标,学校必须改变很多基本的假设与做法。学校重组至关重要,因为教育学生的主导方法、技巧和实践并不适用于,而且我认为将来也不会适用于非裔、原住民和拉丁裔等大批非白人学生。目前学校中的大多做法不适宜这些学生,背后有许多复杂的原因,其中包括许多教师和管理人员对学生持有消极的认识和期望(Green, 2012; Valdés, Capitelli & Alvarez, 2011; Valenzuela, 2012)。生活中遇到的许多成年人对他们的能力没有信心,导致他们将这种消极的看法内化于心,对自己也没有信心。

这些学生中很多人在家庭和社区的社会化过程中经历了太多的失败、痛苦和幻灭(Conchas & Vigil, 2012)。很多人基本没有体验过成功,尤其在学业和教育方面。一位高中老师让学生写写他们的成功和失败。一位美国原住民学生告诉他,他没办法写成功,倒是可以轻松、详细地写失败,因为他经历过太多的失败。这位学生接着写了一篇沉痛感人的文章,讲述在他短短的人生中经历过的那些可怕的失败。

2. 提高学业成绩

想要帮助非白人学生和低收入家庭学生体验学业成功,成为有效公民,学校必须重组,让这些学生能在促进成长、注重个性和关爱的环境中获得成功的经验。要创建这样的环境,学校必须进行一些根本性的改革。将低收入家庭学生和非白人学生划入低级班,让他们接受低级教育的做法,必须要废止(Schofield, 2012)。所有学生,无论家庭情况如何,来自哪个种族、社会阶层或族裔群体,都有学习的能力和意愿,学校必须遵行这个准则并将其制度化。

布鲁克福（Brookover）及其同事（Brookover, Beady, Flood, Schweitzer & Wisenbaker, 1979；Brookover & Erickson, 1969）、埃德蒙兹（Edmonds, 1986）、科莫尔（Comer, 2012）和塞兹摩尔（Sizemore, 2008）等研究人员提出的理论和技巧，可以帮助学校实现结构变革，施行所有孩子都有学习的能力和意愿这一理念。20世纪七八十年代开展的有效学校运动的重要经验表明，学校在提高低收入家庭学生和少数族裔学生学业成绩中发挥着重要的作用（Levine & Lezotte, 2001）。霍华德（2010）在《种族与文化在学校中为何重要：缩小美国课堂上的成绩差距》(*Why Race and Culture Matter in Schools: Closing the Achievement Gap in America's Classrooms*)一书中，融入并拓展了许多研究有效学校的人员和理论家的思想。

过去二十年中实施的全面学校改革项目，也是如何提高非白人学生和低收入家庭学生学业与社会成就的丰富思想来源。全面学校改革包括跃进学校计划（Accelerated Schools）、罗伯特·P.摩西（Robert P. Moses）主持的代数计划（Algebra Project）(Moses & Cobb, 2001)、科莫尔的学校发展计划（School Development Program）(Comer, 2012)、罗伯特·E.斯莱文（Robert E. Slavin）和同事在约翰霍普金斯大学实行的全员成功计划（Success for All）（Slavin & Madden, 2012）。

在族裔和语言少数派学生的教育中，需要革新方法，让家长和学校共同努力。大多数家长自己虽然既没知识也没资源帮助孩子实现期望，却希望孩子在学校中获得成功。对低收入家庭学生和非白人学生的教育干预措施，如果有父亲或母亲的参与，更有可能获得成功。科莫尔（2012）在旧城区以黑人为主的学校中成功地实施了干预措施，就证明了这一点。过去二十年美国家庭发生了巨大的变化，因此我们需要重新思考和认识父母参与教育的含义，并为大量来自单亲家庭的学龄青年制定父母参与的新方法（C.A.M.Banks, 2013；Galindo & Pucino, 2012）。

3. 为教师赋权

要重组学校，提高学校对低收入家庭和非白人青少年的教育能力，就必须培养一线教师，赋予他们权利，为他们注入新的活力。如果教师没有权利、被边缘化、收入低下、带有负面情绪，就无法帮助饱受贫困和歧视之苦的学生们掌握有效参与21世纪主流社会所需要的知识和技能。

美国学校中有许多教师，尤其是就职于以低收入家庭学生、非白人学生和语言少数派学生为主的旧城区学校中的教师，往往像他们的学生一样受到社会力量的伤害。他们中很多人工资不高，被社会精英所不齿，所在学区的官僚和等级制度不尊重他们，人们对他们形成了刻板印象，很多超出其控制范围的问题也归咎于他们。强调高风险测试和问责制的标准运动，使许多旧城区低收入学校的教师感到了更深的伤害（Kumashiro，2012；Meier & Wood，2005；Sleeter，2005）。

指望没有权利且受到伤害的教师去赋权、激励带有负面情绪的非白人青年，是不合道理的。因此，学校重组的主要目标应该是尊重教师，赋予他们做出重要决定的能力和权力，并让他们对自己的决定负起职业责任。长期以来，我们都在告诫教师该怎样对待学生，其实只有我们用同样的方式对待教师，学校改革才会取得成功。我们必须提高对教师的期望，真正让教师参与决策，不再抨击教师，而是关爱教师，人性化地对待教师。只有当教师感到拥有权利、受人尊敬时，才会有意愿和能力去尊重和关爱那些被社会伤害的学生。所罗门（Solomon）及同事在《勇敢的新教师：践行新自由主义时代的社会正义》(*Brave New Teachers: Doing Social Justice Work in Neo-Liberal Times*) 一书中，描述了为教师创造社会正义的可行方法（Solomon，Singer，Campbell & Allen，2011）。玛丽莲·科克伦·史密斯（Marilyn Cochran-Smith，2012）在《教育多样性百科全书》中就"社会公正与教师教育：问题、挑战和理论"进行了深刻的剖析。

4. 社会改革的必要性

教师和管理人员应该具备帮助学生成为社会变革力量的知识和技能。教育不应该只是教育学生适应当前的劳动力需求和社会结构。多元社会中的公民教育应该将帮助学生掌握参与社会、改革重组社会所需要的知识、态度和技能作为一个重要目标（Freire，2000）。种族主义、性别主义、同性恋恐惧症、贫困和不平等之类的问题已广泛渗透到许多美国机构，包括职场、法院和学校。只教育学生适应社会而不改变社会，会导致这些问题进一步升级深化，比如，贫富差距进一步加大，种族冲突日趋紧张，越来越多的人陷入贫困、无家可归。

一个贫富差距大、白人和非白人分歧严重的社会必然不稳定。社会中的压力和张力会导致社会动荡、种族分化和冲突。因此，21世纪的教育不仅必须帮助学生成为有文化、有反思能力的公民以及具备有效生产能力的劳动力，还必须要教会学生关心社区中的其他人，并采取个人、社会和公民行动，创造一个更加人性与公正的社会（Banks，2006c）。

三 民主的种族态度和行为

1. 多样性：机遇与挑战

本章上一节着重讨论学校需要改革，提高所有学生的学业成绩，尤其是遇到很多学业问题的非白种人和低收入家庭学生的成绩。多元文化教育的另一个重要目标是减少全体学生的偏见，帮助他们发展民主的态度、信念和行动。这一节将介绍儿童种族态度的性质，并提出帮助学生培养积极的种族态度、信念和行动的指南。

多样性给国家、学校和教师带来了机遇与挑战。多样性丰富了国家、社区、学校和班级。来自不同背景、种族、文化的群体已经并持续为美国社会带来重要贡献。种族多样性为社会添姿增彩，并解决了许多社会、经济和政治问题。

多样性也对国家、学校和教师构成严重挑战。研究表明，学生来到学校时带着很多对其他种族、民族和社会阶层的刻板印象、误解和否定态度（Stephan & Vogt, 2004; Stephan & Mealy, 2012）。如果教师不进行课程干预，学生的种族态度和行为就会随着年龄增长变得更加消极、难以改变（Aboud, 2009; Bigler & Hughes, 2009; Levy & Killen, 2008）。学校的一个重要目标是给学生提供体验和材料，帮助他们成为有思想的积极公民。在一个多元民主社会中，有效公民对来自不同种族、民族、阶层和语言群体的人们都能表现出积极的态度和行为,并与之协商,平等地相处(Banks,2006a)。

2. 接触假说

社会心理学中有关种族关系的大部分理论和研究都是以接触假说和与二战前后发生的事件相关的研究为指导的(Pettigrew,2004)。纳粹反犹主义及其造成的破坏性后果,促使社会科学家在战后非常重视改善群际关系的理论和研究。今天指导大多数群际关系理论与研究的接触假说源自威廉姆斯(Williams,1947)和奥尔波特(Allport,1954)的经典著作。奥尔波特称,基于以下四个特点的群际接触会使群际关系得到改善:(1)地位平等,(2)共同的目标,(3)群际合作,(4)政府的支持、法律和习俗。

3. 合作性学习与跨种族接触

20世纪70年代以来,研究人员在合作性学习小组及活动对学生的种族态度、友情选择和学业成绩的影响方面,做了大量的调查研究。进行研究和评论的主要人员包括:阿伦森(Aronson)及同事(Aronson & Bridgeman,1979;Aronson & Gonzalez,1988)、科恩及同事(Cohen,1972,1984a,b;Cohen & Roper,1972;Cohen & Lotan,1995)、约翰逊和约翰逊(Johnson & Johnson,1981,1991)、斯莱文(Slavin,1979、1983、1985),以及斯莱文与马登(Slavin & Madden,1979)。斯科菲尔德(Schofield,2001)写过一个关于该项研究的很有信息参考价值的文献综述,大多数研究是以小学生和中学生为试验对象的(Slavin,1983、1985)。

20世纪70年代以来进行的合作性学习与跨种族接触研究都是以奥尔波特(Allport,1954)的接触假设为基础的。这项研究在很大程度上表明,在学校中实行跨种族合作接触,如果能满足奥尔波特所说的条件,对学生的跨种族行为与学业成绩均能产生积极的影响(Aronson & Gonzalez,1988;Slavin,1979、1983)。斯莱文(1985)回顾了19项关于合作性学习方法影响的研究,结果发现其中有16项研究认为对发展跨种族友谊具有积极的作用。在2001年的文献回顾中,斯莱文描述了合作小组对发展跨种族友谊、种族态度和行为的积极作用。

该项研究大多支持以下假设：(1) 非白人学生和白人学生在参加了比如拼拼图（Aronson & Bridgeman, 1979）和学生小组成绩分工法（Student Teams Achievement Divisions, STAD）（斯莱文, 1979）等跨种族学习团队之后，更易于发展出跨种族友谊，(2) 在合作性学习活动中，非裔和墨西哥裔等学生的学业成绩有所提高，白人学生在合作性学习环境和竞争性学习环境下的学业成绩基本持平（Aronson & Gonzalez, 1988; Slavin, 1985）。研究人员还发现，合作性学习方法提高了学生的学习兴趣和自尊心（Slavin, 1985），能帮助学生发展共情能力（Aronson & Bridgeman, 1979）。

有效的合作学习小组和方法的一个根本特征是让学生在接触中体验平等地位（Allport, 1954）。科恩（1972）指出，非裔学生和白人学生在开始接触阶段都会有白人地位更高的预期，实际的接触也确实可能加强白人的主导地位。科恩和罗珀尔（1972）设计了一个改变这种预期的干预实验。他们教非裔儿童制作晶体管收音机，然后让他们教给白人学生。孩子们先在一起观看非裔儿童制作收音机的录像，接着非裔儿童教白人儿童制作收音机。在建立的各跨种族学习小组之中，只有非裔儿童教白人儿童制作收音机的小组出现了地位平等，其他小组均是白人儿童处于主导地位。

科恩和罗珀尔（1972）的研究表明，跨种族环境下群体之间的平等地位不是自然出现的，必须靠教师来创建。来自不同种族、民族和语言群体的学生来到一起，如果不进行干预、创建平等的交往条件，种族之间和族裔之间的冲突与分化可能会得到强化。科恩及同事（Cohen, 1984a、b; Cohen & Roper, 1972; Cohen & Lofan, 1995）进行了一系列精心设计、跨度长达二十年的认知研究，结果不约而同地发现，如果不对不同群体间的接触进行人为干预、促进地位平等与良性互动，群际之间的紧张关系非但不会减少，反而会增加。科恩（1994）、罗坦（Lotan, 2012）和霍恩（Horn, 2012）制定了一些切实可行的指导原则和策略，能够帮助教师在种族、文化和语言多样性课堂上创建平等地位。

4. 课程干预措施

关于何为群际接触中的平等地位，也有大量的讨论，却没有形成共识。一些研究者将平等地位解释为拥有平等的社会经济地位。例如，阿米尔（Amir）［转引自豪斯顿（Hewstone）和布朗（Brown），1986］在总结影响跨种族接触的有利和不利条件时，将"在多数群体和少数群体的接触中，少数群体成员的地位较低或拥有任何逊于多数群体成员的特征"（第7页）描述为不利条件。但科恩和罗珀尔（1972）对平等地位却有不同的解释。尽管在他们的研究中，非裔学生和白人学生来自不同的社会阶层，但是他们通过修正学生对每个种族群体的认知，在课堂上创建了平等的角色地位。采用的方法是给非裔学生布置了一项能提高他们课堂地位的任务。科恩和罗珀尔是从社会心理学，而不是经济学的角度来看待平等地位的。

课程教材和教科书中嵌入的，以及教师的行为与教学策略中反映出来的不同族裔、种族和语言群体的表征，给了某些群体学生特权（从而提高了他们的课堂地位），同时也强化了其他学生在广大社会中的边缘地位，削弱了他们的课堂地位。对教科书的研究表明，教科书中出现的群体形象是广大社会制度化观念的写照（C.A.M.班克斯，即将出版）。如果我们像科恩和罗珀尔（1972）一样从社会心理学的角度看待地位，那么一个真实复杂、反映不同群体特征的多元文化课程体系，就能够帮助课堂或学校中所有的群体实现地位平等。要想全面了解课程干预研究，请参见斯蒂芬和米莉（Stephan and Mealy，2012）及班克斯（2006a）。

20世纪40年代以来，研究人员进行了大量课程干预研究，以确定教学单元与课程、多族裔教学材料、角色扮演及其他各种模拟体验对学生种族态度和认知的影响。这些研究表明，在一定条件下课程干预可以帮助学生培养更加积极的种族和族裔态度。这些研究也提供了帮助教师在课堂和学校中改善群际关系的指南。

特雷格和亚罗（Trager & Yarrow，1952）考察了民主课程对一、二年级儿童种族态度的影响。结果发现，民主课程对学生态度和教师态度的影响都是积极的。在里切尔和约翰逊（Litcher & Johnson，1969）进行的一项研究中，二年级白人儿童在使用了多族裔阅读材料之后，种族态度变得更加积极。伯格茨和鲍尔（Bogatz & Ball，1971）在对电视节目《芝麻街》（*Sesame Street*）进行的纵向评价中发现，长期收看这个节目的儿童比短期收看该节目的儿童拥有更加积极的种族态度。

韦纳和赖特（Weiner & Wright, 1973）通过一次模拟实验考察了对三年级孩子种族态度的影响。他们将一个班分为橙队和绿队，孩子们戴着彩色臂章表明自己的群体身份。在进行干预的第一天，戴橙色臂章的学生遭到了歧视。第二天，戴绿色臂章的孩子遭到了歧视。在第三天和两周之后，分别对学生进行了访谈，发现孩子们带有偏见的想法和态度均有所减弱。

简·艾略特（Jane Elliot，转引自彼得斯，1987）曾做过一个经典的干预实验，采用模拟手段让学生感受歧视所带来的痛苦。第一天她对三年级班里的蓝眼睛孩子表现出歧视，第二天她又歧视褐色眼睛的孩子。获奖纪录片《暴风之眼》（*The Eye of the Storm*）记录了艾略特的这个干预实验。14年后，11位艾略特教过的学生回到爱荷华州的赖斯维尔镇，和他们的老师一起分享了他们对这次模拟的深刻记忆。这次相聚记录在另一部发人深省的重要纪录片《分化的课堂》（*A Class Divided*）中。拜恩斯和基热（Byrnes & Kiger, 1990）曾以大学生为被试进行了一项实验研究，来检验让艾略特名声大噪的模拟实验的效果。他们的模拟实验对非黑人学生看待黑人的态度产生了积极影响，但对那些"经社会距离量表测量、自称在各种社交场合都可以与黑人自在相处"的受试者没有影响（第351页）。

约基和布莱克威尔（Yawkey & Blackwell, 1974）在研究使用多种族社会学科材料对4岁黑人学生种族态度的影响时发现，讨论这些材料，尤其是结合实地考察进行阅读和讨论，会带来积极的影响。研究还表明，课程干预措施，比如戏剧、民族舞蹈、音乐、角色扮演、群体排斥、二分法讨论、跨种族接触等，也对学生的种族态度具有积极影响。埃贾兹（Ijaz, 1981）在加拿大进行的一项研究同样表明，民族舞蹈、音乐、工艺品和角色扮演等课程干预手段，对小学生的种族态度有积极的影响。吉麦斯坦德和德基亚拉（Gimmestad & DeChiara, 1982）进行的一项研究发现，四部关于非裔、华裔、犹太裔和波多黎各裔的戏剧提高了纽约市四、五、六年级学生对这些族裔的种族接受程度和文化认知。

格罗和特罗亚尼（Giullo & Troiani, 1988）发现，被排除在群体运动之外的孩子对其他族裔群体孩子的感受更加敏感。麦格雷戈（McGregor,

1993)使用元分析整合研究结果,考察角色扮演和反种族主义教学对减少学生偏见的影响。他找出26个研究进行考察,最后得出结论,角色扮演和反种族主义教学"显著地减少了种族偏见,二者在效果上不相上下"(第215页)。

阿布德和多伊尔(Aboud & Doyle,1996)设计了一项研究,想要确定儿童与抱有不同偏见程度的朋友谈论种族问题,会如何影响自己的种族评价。研究人员发现,"偏见深的儿童在讨论之后偏见有所减少。如果同伴抱有的偏见少,多谈论种族之间的相似性,同时抬高黑人、贬低白人,儿童的变化就更加明显"(第161页)。伍德和索莱特纳(Wood & Sonleitner,1996)进行的一项研究表明,童年时有跨种族接触经验,对成年后的种族态度和行为具有积极、长期的影响。他们发现,在学校和社区获得的跨种族接触经验,对成年后对待非裔美国人的种族态度将产生直接而重大的积极影响。

四 减少学生偏见的指导原则

从上述研究中可以得出以下指导原则:

1. 教学材料中包含正面而真实的族裔和种族群体形象,呈现的方式应一致、自然、协调。
2. 帮助儿童区分其他种族和族裔群体成员的面孔,最好的办法就是在课程中渗入不同种族和族裔群体成员的面孔。
3. 让儿童获得与各种族和族裔群体接触的间接经验,例如,使用电影、录像、DVD、儿童书籍、录音、照片,让学生获得接触不同种族、民族、文化和语言群体成员的间接体验。间接经验对以白人、拉丁裔或非裔为主体的学校或社区中的学生尤其重要,因为他们与其他群体成员没有太多的直接接触。研究表明,间接经验作用强大(Katz & Zalk,1978;Licher & Johnson,1969)。另外,与不同族裔和种族群体相关的间接经验还应该让学生认识到,这些群体中有许多不同类型的人们。
4. 如果你任教的学校是一所跨种族学校,可以设计情境让儿童参与跨种族接触。然而,仅仅是接触不一定能帮助儿童形成积极的种族态度。

有效的跨种族接触情境必须具备第 89 页中奥尔波特（Allport，1954）列出的几个特征。
5. 用言语和非言语强化棕色的积极意义。
6. 让来自不同种族和族裔群体的儿童参与合作学习活动（Cohen，1994；Lotan，2012；Horn，2012）。

五 帮助学生做好准备，面对不断变化、多样复杂的世界

美国和世界各地持续的人口结构变化要求教师和管理人员必须：(1) 重组学校，让所有族裔、种族、性别和社会阶层的学生都有均等的学习机会，(2) 实施减少偏见的策略，让所有学生都能掌握在一个日益多样、局势紧张、问题重重的世界中立足所需要的知识、态度和技能。国家和世界面临着巨大的问题，教育工作者不能置身事外（Edelman，1992）。要么行动起来帮助改变世界，要么不作为任凭问题升级。每个教育工作者必须做出选择，你的选择是什么呢？

第九章 多元文化的基本标准

在本章中，我将总结并强调多元文化教育的主要内容，还将描述用来确定学校多元文化程度的基本标准，学校要更好地反映文化多样性而需要采取的措施，以及不断增强学校多元文化氛围的方法。图 9.1 概括了本章将要讨论的多元文化基准。

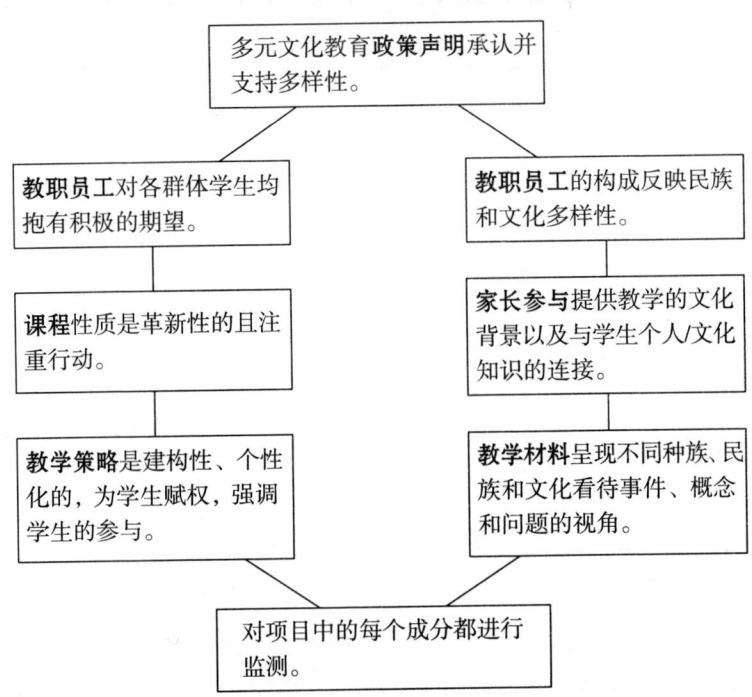

图 9.1 评估和维护有效多元文化学校的多元文化基准

第九章 多元文化的基本标准

一 政策声明

你所在的学区需要制定一项关于多元文化与全球教育的政策。如果政策声明面向的是学区中所有的教职员工和公众，政策的实施效果最好。政策声明应清楚地表明教育委员会将全力建立并维护使两性学生、LGBT 学生以及来自不同种族、族裔、阶层、文化和语言群体的学生都享有平等学习机会的学校。政策声明还应描述学生在联系日益密切的全球化世界中立足所需要掌握的知识和技能。

委员会的政策声明应该说明发展多元文化教育和全球教育的理据或原因，并给出指导方针，便于学区内持支持态度的专业人员制定、实施全面的多元文化与全球教育计划。20 世纪八九十年代，好几个教育部门和学区都发表了多元文化教育政策声明。这些声明包括 1980 年密歇根州教育局声明，1989 年纽约市教育委员会声明和 1996 年印第安纳波利斯公立学校声明。

1992 年，内布拉斯加州立法机关颁布了一项多元文化教育法案，要求该州公立学校在从幼儿园到十二年级的所有核心课程中实施多元文化教育。该法案要求在现有课程中纳入与非裔、拉丁裔、原住民和亚裔美国人的历史和文化有关的内容。法案规定，"每个学区都应与州教育局协商，制定一个将这些内容融入从幼儿园到十二年级各个阶段的多元文化教育培养方案"。该法案还规定，州教育局"应制定多元文化教育课程指导方针意见并下发至所有学区，每个学区应在指导方针的基础上制定各自的多元文化培养方案"。

2005 年，蒙大拿州立法机关拨出 250 万美元为《印第安全民教育法案》（*Indian Education for All Act*，IEFA）提供资金支持。该法案的初衷是向蒙大拿州所有学生，而不是只向有美洲印第安人血统的学生，教授美国原住民的文化和历史，并制作示范课程、课堂材料以及师资发展计划。2007 年 5 月 7 至 8 日，由蒙大拿州公立教学办公室主办的"实施印第安全民教育最佳方法会议"（Indian Education for All Best Practices Conference）在蒙大拿州博兹曼市举行。会议的目的是使与会者"提高对蒙大拿州印第安部落的认识，学习在学校和课堂中实施 IEFA 的最佳方法"（蒙大拿州公立教学办公室，2007）。会议上有很多亮点计划，包括"准备启动补贴计划、部落历史研究计划以及蒙大拿州大学系统（Montana University Systems）中几位研究生开展的研究"。

华盛顿大学多元文化教育中心出版的《多样性的统一：多元文化社会教与学的基本原则》（*Diversity within Unity: Essential Principles for Teaching and Learning in a Multicultural Society*）（Banks et al., 2001），对制定多元文化教育政策声明有一定的帮助。这份出版物还包含一个实用列表，可以让教育工作者确定学区中各学校与《多样性统一》所述的12条原则的相符程度。可以从多元文化教育中心订购该书的精装版，也可以从 http://education.washington.edu/cme/dwu.htm 下载。

二　全球公民教育和多样性

在本书的第二章，我陈述了为什么多元文化教育与全球化交叉相关，为什么教会学生在高度关联的全球世界中立足至关重要。因此，21世纪的多元文化教育政策也应该对话全球问题，并思考教育学生有效应对美国的多样性与教育他们成为有效、有思想的全球公民之间的关系。过去十年中，出版了很多全球教育政策声明，各学区可以在此基础上制定自己的全球教育和多样性政策声明。《民主与多样性：全球性时代公民教育的原则和概念》（Banks et al., 2005），是华盛顿大学多元文化中心出版的共识性报告。它指出：

　　多样性对世界各地的公民教育提出了挑战。为了有效地培养学生成为具有反思能力、建设能力和贡献能力的地方公民、国家公民和全球公民，学校必须认真对待多样性问题。为此，学校还必须考虑与之相伴而行的概念——统一。

　　维持多样—统一平衡具有普遍性，但也是动态变化的，其表现形式因民族国家和地区文化而有所不同。近年来自然受到快速全球化进程的影响，另外，思想、劳动力、管理人员、学生、产品和服务的全球流动以及大国政府的影响，也在民族国家内部和世界范围带来了统一性和多样性问题。（Banks et al., 2005, 第1页）

2010年，全国教育协会（National Education Association, NEA）出台了名为《全球能力是21世纪的迫切需要》（*Global Competence Is a 21st Century*

Imperative)的政策概要。它将全球能力描述为：

> 深入了解和理解国际问题，理解来自不同语言和文化背景的人们并能与之共同学习、工作，熟练掌握一门外语，掌握在相互依存的全球社会中发挥生产作用的技能。

这份文件指出了全球能力的四个基本要素：(1)国际意识，(2)理解文化多样性，(3)精通外语，(4)具有竞争力的技能，即参与全球竞争的能力。这份政策概要掷地有声地指出学生具备全球能力的必要性："无论在世界范围还是在拥有多元文化的家乡，美国未来的成功将依赖于美国人民的全球能力。培养全球能力必须成为下至幼儿园、高中，上到研究生院教育的核心任务之一。"[美国全国教育协会（NEA），2010]

三　学校教职人员

学校教职人员，包括管理人员、教师、辅导员和其他员工，应该体现美国社会的种族与文化多样性。学生从学校看到的工作与互动中，了解到成年人对种族、族裔和语言多样性的态度。学生需要看到管理人员、教师和辅导员来自不同的种族、民族和语言背景，才会相信美国社会重视并尊重来自不同民族、种族、文化和语言群体的人们。如果学生看到占据学校重要职位的人们大多来自占主导地位的种族群体，不管我们怎么大力宣扬种族平等，他们也很难建立起民主的种族态度。学生的自身经验比听到的话语对他们的影响更大。

各学区应当制定和实施有效的政策，招聘、雇用和晋升来自不同种族和族裔群体的人们。由于美国的教师大多是白人女性，各学区需要尝试制定和实施创新项目，增加非白种人进入教师职业的数量（Villegas，2012；Dilworth & Brown，2008）。很多学区已经实施或者正在参与此类创新项目（Haberman，1989）。其中包括早期选拔计划，从高中识别有潜力的非白人学生，给予奖励使其选择教师职业。

1. 教职人员的态度和期望

各学区需要实施持续性的员工发展计划，帮助一线教师提高对低收入家庭学生和非白人学生的期望，更好地理解这些学生的文化（Green，2012；T.C.Howard，2010）。今天，学校中越来越多的学生来自单亲家庭，父母有残疾，或自身文化经验与教师的文化存在显著的差别（Galindo & Pucino，2012）。

这些学生中很多有健康、学习动机和教育问题，即使最优秀、最尽职的教师也常常感到棘手。然而，他们中很多人都有学术天赋和才华，虽然他们的天赋和才华不会立刻显现，标准化心理能力测试也不容易测出（Ford，2013）。他们的学术能力与天赋经常被技能不足所掩盖。教师必须接受特别培训，培养发现大批非白人学生、语言少数派学生和低收入家庭学生隐藏的、没有得到充分发展的才华和能力所需的技能和敏感性（Au，2011；Hudley & Mallinson，2011）。只有当教师能够感知这类学生尚未开发的才华和潜能时，才能提高对他们的期望（Nieto，2010；Valenzuela，2012）。

加德纳（Gardner，2006）的多元智能理论可以帮助教师重新认识智能的概念，形成广义的人类能力观。这种广义的观点能使他们从多元文化背景学生和低收入家庭学生身上看到更多的智能优势。教师还应该运用多种有文化针对性的技巧来评估不同文化、语言和社会阶层学生复杂的认知和社会技能（Shepard，2012；Toylor & Nolen，2012）。

为非白人学生创造成功的体验，会让他们提高对自身学术能力的认识，让教师提高对他们的学业期望（Brookover et al.，1979；Brookover & Erickson，1969）。学生的行为和老师的期望是相互关联的。教师对学生的学业成绩期望越高，学生取得的成绩可能就越好；学生的学业成绩越好，教师对他们的期望就越高（Green，2012）。

2. 课程

学校的课程应该进行改革，使学生能够从不同族裔的视角和立场看待概念、事件、话题和问题（Au，2012a；Banks，2013）。应该将重新定义课程、在课程中融入族裔内容，与仅在课程中添加族裔内容区别开来。在不改革课程或者不改变基本的课程假设、视角和目标的情况下，也可以添加族裔内容。

以欧洲为中心的课程在讲述哥伦布发现美洲时也可能加入美洲原住民的

内容。在这样的课程中,学生们会读到哥伦布"发现"原住民时对他们的看法。在改革后的课程中,美洲原住民的内容将是课程不可分割的组成部分,对哥伦布与美洲原住民交往的认识不再是哥伦布"发现"了美洲原住民(Bigelow & Peterson, 2003)。相反,学生会读到生活于15世纪晚期的阿拉瓦克印第安人(也称泰诺人)的文化(Boucher, 2000; Olsen, 1974)、哥伦布的航行,以及美洲土著文化与欧洲文化1492年在加勒比地区的相遇(Jennings, 1975; Snipp, 2012; Todorov, 1984)。

用"发现"来认识和看待哥伦布与阿拉瓦克人的交往并不准确,除非是专门从哥伦布和其他欧洲人的视角来看待他们之间的交往(Jehnings, 1975; Todorov, 1984)。将阿拉瓦克与哥伦布的相遇描述成"两种古老文化的相遇"更为恰当。除了从哥伦布和欧洲人的角度,还必须从阿拉瓦克人或泰诺人的视角看待这场相遇(Boucher, 2000)。有许多很好的材料,可供教师用来讲授阿拉瓦克人与哥伦布相遇的不同视角。这些材料包括《国家地理》(*National Geographic*)(国家地理协会,1991)特刊"哥伦布到来之前的美洲"、迈克尔·杜瑞斯(Michael Dorris, 1992)的《清晨女孩》(*Morning Girl*),这本小说讲述了1492年居住在巴哈马岛上的一个12岁泰诺女孩的故事、毕格罗和彼得森(Bigelow and Peterson, 2003)的《反思哥伦布:之后500年》(*Rethinking Columbus: The Next 500 Years*),还有霍华德·津恩(Howard Zinn, 2001)的作品集《霍华德·津恩论历史》(*Howard Zinn on History*)中一篇内容翔实、论据充分的文章"哥伦布与西方文明"。

多元文化课程不仅帮助学生从不同族裔的视角和立场看待各种话题和问题,同时也关注概念、跨学科和决策(见第七章)。它可以帮助学生在重要问题上做出决定,并采取有效的个人和公民行动。

多元文化课程是一个动态过程。不能说创建了多元文化课,交到老师手里,然后就宣称本学区有了多元文化课程。教师在多元文化课程实施过程中发挥的作用,是课程的有机组成部分。教师的价值观、视角与教学风格会对课程进行调整。虽然多元文化材料在多元文化课程的实施中至关重要,但是如果使用材料的教师缺乏多元文化教育知识基础,或者对各种族、族裔、语言和文化群体没有积极和清晰的态度,多元文化课程材料也不会起作用。制定一个精心设计、持续性的员工发展计划，是实施与发展有效多元文化课程的必要条件。

制定有效的职前教师教育培养方案，对在学校中成功实施多元文化教育也是必需的（Cochran-Smith，2012；Villegas & Lucas，2002）。各学区应该要求在教师教育机构的培养方案中加入大量多元文化教育的内容，为毕业生就业准备条件。美国全国师范教育鉴定委员会（NCATE）已在多元文化教育方面发挥了领导作用，并要求其成员将多元文化教育成果纳入教师教育培养方案之中（NCATE，2008）。

四　家长参与

今天学校面临着大量的问题，没有家长和社会大众的支持，学校不可能成功地完成其重要使命——帮助学生获得学术技能，成为民主社会和全球世界中的有效公民（C.A.M.Banks，2013；Comer，2012；Galindo & Pucine，2012）。然而，在今天的社会中，向家长寻求支持对学校来说是一项巨大的挑战。在美国，越来越多的家庭父母都出门工作。现在很少有美国家庭延续过去几十年的标准家庭模式——父亲上班、母亲留在家里，有两个或以上上学的孩子。根据全国儿童保健资源和咨询机构协会（National Association of Child Care Resource and Referral Agencies，NACCRRA）的数据，2011年5岁以下儿童的母亲有68%是上班族（NACCRRA，2011）。

过去由家庭承担的主要责任正在逐渐转移到其他机构。由于美国社会发生了巨大变化，家长的时间又紧张，我们需要重新思考家长参与的理念，重新认识父母对学校的支持方式（Comer，2012；C.A.M.Banks，2013）。让家长给孩子提供一个学习的地方，监督孩子将每天看电视的时间限制在一小时，这样的参与也许不算多，却可能是学校能指望许多非常关心子女教育的家长唯一能做到的事情了。

教育工作者应当注意，不能把不按传统方式参与等同于家长不关心、不参与。此外，许多父母不愿参与学校教育，是因为缺乏赋权意识，认为自己的意见无关紧要。还有些父母不愿与学校打交道，是因为他们上学的日子充满了痛苦的回忆。各学区应该制定、实施一套与家庭、家长和社会变化特征相适应的家长参与学校计划（C.A.M. Banks，2013）。

五 教学策略

多元文化课程的实施应该采取参与、互动、个性化、合作式的教学策略（Lotan，2012；Horn，2012）。教师应该倾听、尊重不同种族、文化、语言和性别群体的声音。多元文化内容的本质是带有情绪的、个人的、相互冲突和交互的。因此，有必要给予学生充分的机会来表达他们的感受和情绪，与同伴和同学交往，在讨论多元文化问题时表达愤怒或骄傲。

不管教授什么类型的内容，以教师为中心的说教式教学都存在严重的缺陷。用这样的方法教授多元文化内容尤其不合适，因为多元文化尊重多样性，不同的视角是课程内容的有机组成部分。应该教会学生怎样有礼貌、有意义、深刻地谈论种族问题的技巧。还可以教给学生解决冲突和群际对话（Gurin & Nagda，2012）的技能。

1. 教学材料

各学区需要制定和实施选择教学材料的政策，描述各族裔、语言、历史和文化群体的历史和当代经历，从这些群体的视角呈现话题、问题和概念。教科书和其他教学材料只包含各族裔、语言和文化群体的内容是不够的。与族裔和文化群体相关的内容应该是教科书或教学演示的有机组成部分，而不是附加品或附属品。过去几十年的教科书，在特别的章节也会加入关于非白种人和女性的内容特写或照片等内容。

当教学材料中的族裔内容主要被当作附加品或附属品的时候，其实并没有对文本或演示文稿进行重新认识或改革，因而无法让学生反思主流的美国元叙事，质疑自己的个人假设，或者对美国历史和文化形成新的视角和洞察。如果像以往一样，教学材料中添加的族裔内容是从盎格鲁中心主义视角和立场出发，学生持有的族裔刻板印象和误解很可能会增强而不是减弱。如何将族裔内容融入教科书和其他教学材料，与是否要在教科书中包含族裔内容，是同等重要的。

2. 创建面向所有学生的平等教育机会

多元文化教育的一个主要目标是创建面向所有学生的平等教育机会，无论他们来自哪个族裔、民族、语言群体和社会阶层（见第八章）。在大多数学区，来自不同种族和收入群体的学生，其学业成绩、辍学率和毕业率存在巨大的差距。每个学区都需要确定来自不同种族、语言和收入群体的学生在学业成绩、辍学率和毕业率上的差距。2001年国会通过、2002年布什总统签署生效的《不让一个孩子掉队法案》，要求各学区按照收入、种族、族裔、身心障碍和英语熟练程度对成绩数据进行分类统计。巴拉克·奥巴马总统和教育部长阿恩·邓肯在2009年推行的《力争上游》教改计划，要求各学区执行绩效标准。每个学区需要为缩小学业成绩差距、建立绩效标准而制定全面、概念化的计划。虽然绩效标准很重要，可以促进学习，但是标准化往往会对学校产生负面影响（Sleeter，2005）。换句话说，学生和教师满足学业标准的方式应该灵活、因地制宜，考虑学生文化和学校文化的影响。

此外，还应特别关注非白人学生被退学或休学的比例，以及在特殊教育和超常班的比例（Ford，2013）。在大多数学区，非白人学生，尤其是男性，辍学率和在智力迟缓班的比例过高（Hary，2012）。这类学生在超常班的人数往往很少（Ford，2013）。

每个学区都应制定目标，让不同种族、语言和社会阶层的学生在特殊教育和超常班的数量，与他们在学区中的人口比例大致相当。这就意味着在大多数学区，需要降低非白人学生在特殊教育中的比例，提高他们在超常班的比例。

3. 监测

要成功实施、改进一个学校或学区的多元文化教育和全球教育计划，还需要制定一个行之有效的监测计划。必须想办法确定：（1）是否实现了教育委员会确立的多元文化教育目标和全球教育目标，（2）采取哪些措施缩小目标与实际计划实施之间的差距，（3）给予学区内教职员工什么奖励，来激励他们为实现本学区多元文化教育和全球教育的目标而努力。

　　一个有效的监测计划可能包括:(1)课堂探访及确定教师使用的内容和策略与学生文化和语言特征的一致程度,(2)审查按种族、社会阶层和语言群体统计的标准化考试成绩,(3)审查非白人学生的休学、辍学比例以及被归为智力迟缓生和超常生的比例。

　　监测计划不应聚焦特定的个人,如教师和校长,而是应该系统性地将整个学校作为关注单位。系统性的监测方法会减少对全面监测计划的抵制,强化多元文化和全球教育是学校应该承担的责任的理念,让人们认识到学校大楼内的每个人,包括校长和教师,以及秘书、保管员和公车司机等其他专业人员和支持人员在内,都与能否成功实施多元文化和全球教育利益相关。

　　行之有效的概念化监测计划将提供反馈,帮助确定你所在的学校是否达到了本章所描述的基准,以及需要采取哪些措施保证不断提高学校的多元文化氛围。附录C中的多元文化教育评估表(Multicultural Education Evaluation Checklist),可以帮助评估你所在的学校的环境,并制定计划,实施行动,使学校更符合美国和世界多元文化的现实。

附录 A　在学校内外的多样性环境中学习

一　引言

全球化和世界范围的移民潮带来的世界性变化,对美国和其他国家的教育产生着重大的影响。在美国、英国、加拿大、澳大利亚和法国等西方国家接受教育的学生,必须和在印度、中国和巴基斯坦等国接受教育的人们一起竞争工作岗位。技术进步使公司能够将西方富裕国家的工作外包到劳动力便宜得多的亚洲穷国(Friedman,2005)。如果你最近从美国一家大型航空公司预订了机票,帮你预订航班的人可能远在印度新德里。本文的一位作者曾写过一本书,成稿于伦敦,编辑排版在印度钦奈,最后在英国印刷装订。

全球化实现了工作、人员、产品和思想的跨国流动。虽然民族主义情绪高涨,国家边界也从未松懈,但由于全球化对贸易、技术、岗位,以及全球流动人口的权利的影响,国家边界已经受到了挑战(Banks et al.,2005)。例如,居住在欧盟成员国的个人,拥有所有欧洲国家必须承认的某些权利。同样,《世界人权宣言》所规定的人权,应该适用于世界上所有人,无论他们居住在哪个国家(Osler,2005)。

全球化和世界范围的移民潮也增加了美国和世界各地学校的种族、族裔、宗教及语言多样性。美国自建国之日起就是一个多样性国家。在欧洲人抵达美洲时,美洲土著群体就讲不同的语言,拥有丰富多样的文化。来自不同国家和文化背景的欧洲人和非洲人的到来,进一步丰富了美国的种族、族裔、文化和语言多样性。1848年美墨战争结束时，依据《瓜达卢佩伊达尔戈条约》（*Treaty of Guadalupe Hidalgo*），美国得到了西南的领土，很多西班牙裔和土著人也随之进入了美国人口。美国的移民高峰期出现在20世纪初前后。今天，美国正经历着自20世纪初以来最大的移民潮。

全球化、全球性岗位竞争以及学生实现社会化的数字世界，迫使教育工作者重新思考传统的、面向包括多数群体和少数群体在内的所有学生的教育目标和手段。理论和实证研究表明，公立学校的教育严重滞后于今天学生深度参与的数字技术与文化（Mahiri，2004）。学校没有跟上学生生活、参与的数字时代的步伐。

美国和世界各地的学校，在尝试采用符合其民主思想和宣言的方法，应对日益增强的多样性和国际移徙带来的问题时，同时面临着挑战和机遇。美国等西方国家的民主理想与非主流群体在学校中的日常教育体验之间还存在很大的差距。美国以及法国、德国、英国和荷兰等西欧国家的非主流学生，常常由于文化、语言和行为差异，在学校和社会中遭到歧视和边缘化（Banks，2004a；Luchtenberg，2004）。

美国学校的丰富性与多样性既给教育工作者提出了应对的挑战，也给他们提供了实现的机会。少数族裔学生和多数群体学生之间的学业成绩差距，是美国及世界各国学校面临的最复杂、最棘手的问题之一，肤浅的分析和应对是行不通的（Banks & Banks，2004；Luchtenberg，2004）。莱德森·比林斯（Ladson-Billings，2006）使用"教育债务"一词，强调美国学校和社会中存在的结构不平等现象，将焦点从污蔑、否定低收入家庭学生和少数族裔学生上转移开来。

多样性还为创造学习环境、丰富教学方法、提高边缘学生的学业成绩，及改善所有学生的教育状况提供了丰富的机会。博文（Bowen）和博克（Bok，1998）深刻地指出，良好的教育需要在多样性环境中进行多样性教育。

学校应该帮助所有种族、族裔、文化及语言群体的学生做好准备，成为有效的、具有反思能力的国家公民文化和社区中的公民（Banks，2007）。这个目标的实现方式应该符合美国社会的理想价值，包括公民平等、承认

(Gutman,2004)和文化民主(Ramírez & Castañeda,1974)。如果我们践行这些价值观,在帮助不同群体学生成为美国和世界公民的过程中,就不能逼迫他们疏远自己的母文化,或是背离他们的文化和语言身份(Wang Fillmore,2005)。

教师不应该逼迫学生疏远他们家庭与社区的文化和语言,而应以不同群体学生的文化和语言为基础,促进其学习(Moll & González,2004)。本文的首要信条是,如果教师利用不同群体学生在家庭和社区的非正式学习环境中掌握的知识、技能和语言,是可以在此基础上提高这些学生的学业成绩的(Moll & González,2004)。

二 LIFE多样性共识小组

华盛顿大学多元文化教育中心和LIFE中心(LIFE中心是由国家科学基金会资助,华盛顿大学、斯坦福大学和斯坦福国际研究院联合参与的研究合作机构),在2004—2005学年成立了LIFE多样性共识小组(LIFE Diversity Consensus Panel)。该小组在LIFE中心发挥着领导作用,重点关注非正式场合的学习可以怎样促进来自不同族裔和种族群体的学生,以及母语为非英语学生的学业成绩。本报告将介绍这个已开展了两年的研究得出的发现和结论。

本文的主要内容是探讨教师和其他教育工作者,可以怎样利用不同群体学生在家庭和社区的非正式场合中学到的知识,来提高学生的学业成绩,使学校成为更加友好的地方。大多数族裔、种族和语言少数派学生与白人主流学生之间存在着巨大的成绩差距,是美国学校以及整个社会面临的重大问题。我们希望本文找出和描述的相关原则,能够帮助教师、其他教育实践者以及未来的研究者,通过识别、总结并创造性地运用学生从家庭、社区中带到学校的文化和语言资源,提高所有学生的学业成绩。

三 在正式和非正式环境中学习

人一生的学习,大部分发生在非正式环境中。LIFE中心的主要目的,是要解锁人类学习的奥秘和能力,因为从婴儿期到成年期,从正式场合到非正式场合，学习都在进行。图 A.1 比较了人们在非正式环境和在正式环境中花费的大致时间。LIFE 小组从这张图表出发，探索各种问题，比如，正式环境中的非正式学习和非正式环境中的正式学习，如何更加清晰地界定二者的相似与不同，随着人的成熟两类学习环境的相对重要性，以及新技术对正式与非正式情境边界的影响方式。

图 A.1 清楚地表明，人从婴儿期到成年期大部分时间都处于非正式学习情境。我们将这张图表作为绘制人类终身性、全方位学习图的起点，以及谈论人类学习范围和跨度的资源。

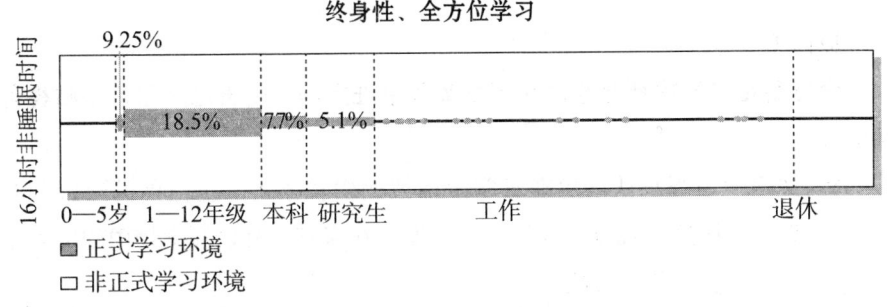

图 A.1 终身性、全方位学习

资料来源：已获西雅图华盛顿大学 LIFE 中心的转载许可。

四 结论与建议

在这篇报告中，我们提出了发展学校，帮助学生进行终身性、全方位、深度学习的理据。在我们这个技术发达、相互依存的世界里（Friedman，2005），具有生产能力的人员和成功的公民必须终生不断地学习。我们还描述了美国和世界各地的种族、文化、族裔和语言多样性，以及这种多样性给学校和国家带来的挑战和机会。我们提出并阐述了四项原则，帮助教育工作者将多样性转化为资产，利用学生从家庭和社区中带来的文化和语言资源，教授他们成为有效的美国和世界公民所需要具备的知识、态度和技能。

在就改善和保证非主流青年的受教育机会及参与度提出建议的过程中，我们鼓励所有相关人士在做出政策和课程决策时，采用广泛而细致的视角（Gutiérrez，2004）。很多教育政策与实践旨在满足未作区分的学生群体的需求,例如低收入家庭学生、英语语言学习者和非裔美国学生,从而忽视了这些群体成员在需求、经验和可用资源方面存在的巨大差异。我们使用"广泛而细致的视角"一词是要强调两个步骤:第一步,努力了解整体目标人群的教育情况;第二步,考虑特定社区和学生的本地需求,但这一步往往遭到忽视。我们相信,采用这样复合的视角来考虑社群不同的需要和优势,将有助于消除一刀切的非主流青年学校教育趋势。我们提出下列建议,是希望教育工作者、政策制定者和研究人员在看待关于文化和学习的作用的新观点时,能考虑到其复杂性。这些建议在本报告中描述为四个关键原则。

原则 1
学习是在广泛的社会经济和历史背景中进行的,受当地文化习俗和视角的调节。

- 文化学习观承认学生在日常生活惯例中积累了一定范围的经验和知识。按照这种观点,我们认为,发生在家庭、社区和学校中的学习是紧密相关、相互影响的。
- 政策制定者应该支持建立并维护来自不同种族、族裔、文化和语言群体学生合作解决问题的学习环境。
- 在所有的学习环境中,如果教授时用到了学生的日常生活和重要习惯,会对学习产生促进作用。
- 政策制定者应该认识到存在的问题,并采取行动,减少结构性压力和不平等现象,以及学习者遭受的限制,如种族主义、卫生服务不足和社会经济地位低下等问题。
- 当学习者的文化、社会经济和历史背景得到承认、尊重和回应时,将对其学习产生促进作用。
- 研究人员和教育工作者应该认识到,文化结构或主题是学生生活的重要组成部分,体现于儿童在家庭和社区中与成人的日常交往之中。这些文化社区结构是青年人进行认知活动的场所。
- 教育工作者和研究人员应该承认并审视自己对各社区中存在的文化、种族、族裔和其他社会差异抱有的偏见。他们还应反思自己对种族和族裔少数群体及其文化社群的认识，确保自己不会凭借刻板印象对待青年人。
- 研究人员和教育工作者应共同努力，理解移民学生要想在家庭、社区和学校中发挥作用，必须怎样在多个文化世界之间进行协商。

原则 2

学习并不局限于学校，一生中日常生活的各个场景和重要习惯都包含学习的过程。
- 教育工作者需要认识到，青年学习者有自己的视角和经验，这是构成正式教育经验的有效知识基础和资源。
- 教师需要整合新的媒体、技术和学生广泛的经验知识，采用多样化教学方法，使学生的学习变得丰富。
- 教育工作者应了解和注意学习者使用的各种文本媒介，并用作教育资源。

原则 3

所有学习者都需要各种机构的多种资源支持，促进个人与智力发展。
- 教育工作者需要认识到，青年的健康、发展与学习全部是在社区中完成并由社区提供的。
- 应该有完备的计划、资源和激励手段，使社区能够将资源和计划进行生产性配置，支持和满足当地的需要。
- 分配和协调各社区和各学校之间的计划、资源和激励手段，这对克服经济、政治和社会资本不平等或各种教育资本形式的不平等非常重要。
- 学习者、家庭、教育人员、政策制定者和教育研究人员之间的有力合作，将强化所有相关者及教育界的观点和知识基础。

原则 4

鼓励学习者使用家庭和社区语言资源作为扩大语言储备的基础，会促进其学习。

- 政策制定者、家长和其他相关者应该把掌握另一种语言看作资产，而非负债。
- 应该鼓励学习者在场景转换中灵活地使用语言资源。
- 教育工作者需要承认语言的力量，并审视自己关于语言理解的偏见。
- 应该给所有学生提供成为双语者的机会、指导和资源。
- 教育工作者应该重新思考很多关于支持学生在家里和学校中实现学业和个人发展的建议。这类建议往往没有考虑限制了非主导社区成员日常生活的社会和经济结构。
- 政策制定者应确保教室和社区图书馆有丰富的图书、阅读和学习资料及电脑网络，保证说英语和其他语言的家长和学生方便使用。
- 应该建立跨代指导和辅导计划，让社区成员、商界选区组织和社区中的老年人充当家长和家庭资源。
- 应该将方便、实惠的健康维护和营养计划纳入学校教育和学习环境。
- 应采取适当措施评估双语学生的词汇、语言和读写发展能力。
- 教师应鼓励学生使用各种可以调动的语言资源，将他们从家庭和社区中带到学校的语言经验和资源作为学习的基础。
- 当研究人员研究学习与认知时，需要考虑日常生活中使用两种或两种以上语言的儿童的发展。

已获转载许可。J.A. 班克斯、K.H. 奥（K. H. Au）、A.F. 巴尔（A. F. Ball）、P. 贝尔（P. Bell）、E.W. 戈登（E. W. Gordon）、K. D. 古铁雷斯（K. D. Gutiérrez）、S. B. 希斯（S. B. Heath）、C. D. 李（C. D. Lee）、Y. 李（Y. Lee）、J. 马希利（J. Mahiri）、N. S. 纳西尔（N. S. Nasir）、G. 瓦尔德斯（G. Valdés）和 M. 周（M. Zhou）(2007)，《在学校内外的多样性环境中学习：终身性、全方位、深度学习》（Learning in and out of School in Diverse Environments: Life-Long, Life-Wide, Life-Deep），华盛顿州西雅图：LIFE 中心（在正式和非正式环境中学习（The Learning in Informal and Formal Environments））和华盛顿大学多元文化教育中心。

可以从多元文化教育中心网站（http://education.washington.edu/cme/），获取订购本刊精装本的信息，或下载电子版。

附录 B 信息材料评估表

标准问题	评分 基本不符合 ↔ 完全符合					
	1	2	3	4	5	6
1. 包括反映了美国生活和社会多样性的各种族、民族和文化群体。						
2. 描述了种族、族裔和文化群体内部的广泛多样性(比如,族裔群体内部的社会阶层、区域、思想和语言多样性)。						
3. 描述了不同种族和族裔群体内部女性的角色、经历、面临的挑战和做出的贡献。						
4. 帮助学生从不同种族和族裔群体中的女性视角出发,认识美国历史和社会,比如在民权运动中扮演了重要角色却不像男性那样受到关注的非裔美国妇女[例如,艾拉·贝克(Ella Baker)、乔·安·吉布森·鲁滨逊(Jo Ann Gibson Robinson)和芬妮·卢·哈默(Fannie Lou Hammer)]。						
5. 描述了美国社会中存在的各种方言和语言、语言少数群体面临的问题,以及各种语言对美国社会的贡献。						
6. 将种族和族裔群体的历史与经验融入美国发展的主流叙事,而不是将他们分离出去,作为特殊的部分、类别和故事。						
7. 质疑美国特殊论(American exceptionalism)和命定扩张论(Manifest Destiny)的概念,帮助学生重新认识美国的发展。						
8. 帮助学生采用原住民、墨西哥裔、非裔美国人和社会经济地位较低的群体等美国历史上的弱势群体,以及盎格鲁-撒克逊裔新教徒和高收入群体等美国优势群体的双重视角,看待美国的历史发展。						

续表

标准问题	评分 基本不符合↔完全符合					
	1	2	3	4	5	6
9. 使用原始资料来编写和描述美国各种族、族裔和文化群体的经历。						
10. 帮助学生了解社会阶层在美国社会中的强大作用，以及阶层在多大程度上仍然是决定美国公民生活机遇的一个重要因素。						
11. 帮助学生了解美国社会中的文化适应（acculturation）是一个双向过程，既包括多数群体对非白种人族裔文化的吸收（有时是侵占），也包括非白种人族裔群体将主流文化改变、纳入自己的生活方式。						
12. 帮助学生了解在一定程度上，所有公民人人平等的美国梦仍不完善，学生需要发挥作用，帮助缩小美国的民主理想和现实之间的差距。						
13. 数学和科学材料帮助学生理解，这些领域内的假设、视角和问题，往往是以文化为基础且受到文化的影响。						
14. 数学和科学材料描述了这些学科是如何影响有关种族、族裔、文化和性别群体的知识建构的。						
15. 数学和科学材料帮助学生理解来自各文化和群体的人们是如何对科学和数学知识的发展做出贡献的。						
16. 让学生熟悉理解美国种族、族裔和文化群体的历史与文化所必需的关键概念，如偏见、歧视、制度化种族主义、制度化性别主义和社会阶级分化等。						
17. 让学生熟悉理解美国种族和族裔群体的经历所必需的关键历史和文化事件，如哈莱姆文艺复兴（Harlem Renaissance）、中央航道（the Middle Passage）、日裔美国人拘留营（the internment of Japanese Americans）、瓜达卢佩伊达尔戈条约及血泪之路（Trail of Tears）。						

附录C 多元文化教育评估表

标准问题	评分 基本不符合 ↔ 完全符合					
	1	2	3	4	5	6
1. 学校政策是否反映了美国社会的族裔、文化和性别多样性？						
2. 学校整体文化（包括隐性课程）是否体现了多族裔与多元文化性？						
3. 学校偏爱的学习风格是否反映了学生的学习风格？						
4. 学校是否反映且准许学生使用各种语言和方言，并在更广泛的社会中使用？						
5. 学校是否让不同族裔和文化群体的家长参与学校的活动、培养方案和计划？						
6. 学校的咨询项目是否反映了美国社会的族裔多样性？						
7. 学校采用的测试程序是否体现了多元文化性和族裔公平？						
8. 是否审查过授课材料中有无族裔、文化和性别偏见？						
9. 正式课程体系和学习课程是否体现了多族裔性与多元文化性？是否有助于学生采用不同族裔和文化的视角与观点看待事件、形势和概念？						
10. 学校的教学风格和激励制度是否反映了学生群体的族裔和文化多样性？						
11. 全体教职员工的态度、观点、信念和行为是否具有族裔和种族敏感性？						
12. 学校是否有系统、全面、强制、持续的多元文化员工培养计划？						

续表

标准问题	评分 基本不符合 ↔ 完全符合					
	1	2	3	4	5	6
13. 学校的教职员工（管理、教学、咨询和支持人员）是否来自多元族裔和多元文化？						
14. 学校的整体氛围是否会积极响应种族、族裔、文化和语言差异？						
15. 学校的集会和假期是否反映了美国社会的族裔和文化多样性？						
16. 学校的午餐是否准备了美国不同族裔的食品？						
17. 学校的公告板、体育教育、音乐及其他展示和活动是否反映了种族和文化多样性？						

附录 D 多元文化教育基础资源

书籍

W. 奥（Au, W., 2012），《批判性课程研究：教育、意识和政治认识》（*Critical curriculum studies: Education, consciousness, and the politics of knowing*），纽约和伦敦：劳特里奇出版社（Routledge）。

J.A. 班克斯（编著，1996—），多元文化系列丛书（Multicultural Education Series），该系列丛书由不同种族和族裔的作者写成，关注多元文化教育研究、理论和实践，由哥伦比亚大学教师学院出版社出版（地址：1234 Amsterdam Avenue, New York, NY 10027），作者包括：盖里·霍华德（Gary Howard）、索尼亚·涅托（Sonia Nieto）、佩德罗·诺格拉（Pedro Noguera）、瓜达卢佩·瓦尔德斯（Guadalupe Valdés）、吉尼瓦·盖伊（Geneva Gay）、卡罗尔·李（Carol Lee）、琳达·达琳-哈蒙德（Linda Darling-Hammond）和帕特丽夏·甘达拉（Patricia Gándara），到 2012 年多元文化系列丛书已出版 45 本。网址：http://www.teacherscollegepress.com/multicultural_education.html。

J.A. 班克斯（2009a），《劳特里奇国际多元文化教育指南》（*The Routledge international companion to multicultural education*），纽约和伦敦：劳特里奇出版社（Routledge）。

J.A. 班克斯（2009b），《民族研究教学策略》（*Teaching strategies for ethnic studies*）（第 8 版），马萨诸塞州波士顿：皮尔森集团阿林和培根出版社（Pearson Allyn & Bacon）。

J.A. 班克斯（编著）（2012），《教育多样性百科全书》（*The encyclopedia of diversity in education*）（第 4 卷），加利福尼亚州千橡市：塞奇出版社（Sage Publications）。

J.A. 班克斯和 C.A.M. 班克斯（编著）（2004），《多元文化教育研究手册》（*Handbook of research on multicultural education*）（第 2 版），加利福尼亚州圣弗朗西斯科市：乔西·贝斯出版社（Jossey-Bass）。

J.A. 班克斯和 C.A.M. 班克斯（编著，2013），《多元文化教育：问题与视角》（*Multicultural education: Issues and perspectives*）（第 8 版），新泽西州霍博肯市：

威利出版社（Wiley）。

L. 达琳·哈蒙德（Darliy-Hammond, 2010），《平面世界与教育：美国的公平努力如何决定未来》（*The flat world and education: How America's commitment to equity will determine our future*），纽约：教师学院出版社。

P. 甘达拉和 M. 霍普金斯（Gándara & M. Hopkinsi，编著，2010），《禁用语言：英语学习者与限制性语言政策》（*Forbidden language: English learners and restrictive language policies*），纽约：教师学院出版社。

G. 盖伊（Guy, 2010），《文化适应式教学：理论、研究与实践》（*Culturally responsive teaching: Theory, research and practice*）（第2版），纽约：教师学院出版社。

C.A. 格兰特和 A. 波特拉（C.A.Grant & A.Portela，编著，2011），《跨文化与多元文化教育：加强全球互联性》（*Intercultural and multicultural education: Enhancing global interconnectedness*），纽约和伦敦：劳特里奇出版社（Routledge）。

T.C. 霍华德（T.C. Howard, 2010），《种族与文化在学校中为何重要：缩小美国课堂上的成绩差距》（*Why race and culture matter in schools: Closing the achievement gap in America's classrooms*），纽约：教师学院出版社。

S. 涅托（Sonia Nieto, 2010），《他们眼中的光明：创建多元文化学习社区》（*The light in their eyes: Creating multicultural learning communities*）（10周年纪念版），纽约：教师学院出版社。

Ö. 森索伊和 R. 迪安吉洛（Sensoy & DiAngelo R., 2012），《真的是人人平等吗？社会公正教育的关键概念介绍》（*Is everyone really equal? An introduction to key concepts in social justice education*），纽约：教师学院出版社。

M.M. 苏亚雷斯-奥罗斯科（Suárez-Orozco，编著，2007），《全球时代的学习：全球化与教育的国际视角》（*Learning in the global era: International perspectives on globalization and education*），加利福尼亚伯克利市：加利福尼亚大学出版社。

G. 瓦尔德斯、S. 凯皮特里和 L. 阿尔瓦雷斯（Valdés, Capitelli & Alvarez, 2011），《拉丁裔儿童学习英语：学习步骤》（*Latino children learning English: Steps in the journey*），纽约：教师学院出版社。

期刊

《跨文化教育》（*Intercultural Education*），国际跨文化教育协会（International Association for Intercultural Education，IAIE）的官方期刊。该刊为季刊，发表世界各地关于跨文化教育的文章，主编是荷兰的巴里·范·德里尔（Barry van Driel），由隶属于泰勒和弗朗西斯集团（Taylor and Francis Group）的劳特里奇出版社发行。

《多元文化教育》（*Multicultural Education*），发表文章、书评和其他特写的季刊。由加多-盖普出版社（Gaddo Gap Press）发行，地址：3145 Geary Boulevard, PMB 275, San Francisco, CA 94118。网址：http://www.caddogap.com/periodicals.shtml。

《多元文化视角》（*Multicultural Perspectives*），多元文化教育协会（National Association for Multicultural Education）的官方期刊，每年四期，由隶属于泰勒

和弗朗西斯集团（Taylor and Francis Group）的劳特里奇出版社发行。

《种族平等教学》（*Race Equality Teaching*），英国出版的季刊，主编是吉列安·克莱因（Gillian Klein），主要面向教育实践工作者，由伦敦大学教育学院 IOE 出版社发行。网址：http://www.ioe.ac.uk/ about/92.html。

《种族、民族和教育》（*Race Ethnicity and Education*），这本学术期刊的主编是英国伯明翰大学的戴维·吉尔本（David Gillborn）教授，该刊也发表来自世界各地的文章和书评，由隶属于泰勒和弗朗西斯集团（Taylor and Francis Group）创建的劳特里奇出版社发行。

《反思学校》（*Rethinking Schools*），密尔沃基市由教师为教师出版的季刊，也出版教师的优秀著作。地址：101 East Keefe Avenue, Milwaukee, WI 53212。网址：http://www.rethinkingschools.org/about/contact.shtml。

《提倡宽容》（*Teaching Tolerance*），南方贫困法律援助中心（Southern Poverty Law Center）的分支倡导宽容机构（Teaching Tolerance）发行的期刊，一年两期，免费提供给中小学和大学的教育工作者。地址：400 Washington Avenue, Montgomery, AL 36104。倡导宽容机构还制作、发行优秀的录像制品，供学校和教师教育课程使用。网址：http://www.tolerance.org/。

网络资料、书籍和其他教学材料

反诽谤联盟在线商店（Anti-Defamation League Online Store），反诽谤联盟（Anti-Defamation League），成立于 1913 年，是世界上抗击反犹主义的主要组织，提供各种消除仇恨、偏见与偏执的计划和服务。地址：Anti-Defamation League, 823 United Nations Plaza, New York, NY 10017。网址：http://store.adl.org/。

公共艺术出版社（Arte Publico Press），公共艺术出版社是美国最古老、最大的西班牙裔文学出版商，出版墨西哥裔美国著名作家和波多黎各、古巴著名作家的小说、诗歌、戏剧、文学批评和艺术作品，以及美国西班牙裔文学，包括儿童和青少年读物。该出版社隶属于休斯顿大学。网址：http://www.latinoteca.com/。

李和洛图书（Lee & Low Books），出版多元文化儿童文学。地址：95 Madison Avenue, Suite #1205, New York, NY 10016。网址：http://www.leeandlow.com/。

社会学科学校服务（Social Studies School Services），出版有关美国族裔群体和全球研究的目录，并出售在线资料，包括大量书籍、海报、录影带和不同课堂使用的其他材料。社会学科学校服务位于加利福尼亚州卡尔弗城（Culver City）。网址：http://www .socialstudies.com/。

转变教学（Teaching for Change），出售关于移民、战争和中东地区、儿童早期教育，及公民权利的书籍和资源。地址：P.O. Box 73038, Washington, DC 20056-3038。网址：http://www.teachingforchange.org/。

术语表

非洲中心主义 与居住在美国和世界上其他地区的非洲人后裔的传统、历史和文化相关的阐释、文化特征、教学材料及其他因素。美国人口普查显示，2010 年美国约有 3,890 万非裔美国人，占全国人口的 12.6%（Rastogi, Johnson, Hoeffel & Drewery, 2011）。

盎格鲁中心主义 与美国的盎格鲁白人后裔的传统、历史和文化相关的阐释、文化特征、教学材料及其他因素。美国人口普查显示，非西班牙裔白人人口数量大约是 1 亿 9680 万，占全国人口的 63.7%。2000 年，这一比例下降至 69%（Hixon, Hepler & Kim, 2011）。

规范 用于定义、选择和评估国家中小学和大学课程中教授知识的标准或准则。按此标准选择的书籍作品或阅读材料也称为规范。在美国历史上，占据主导地位的课程规范是以欧洲为中心且面向男性的。

文化 某个人类群体共享的概念、符号、行为、价值观和信念。文化也可以定义为人类群体为满足生存需要所创造的符号、制度或人类社会的其他组成部分。

族裔群体 享有共同的历史、民族意识和身份、价值观、行为特征及交流体系的群体。同一族裔群体的成员通常认为自己所在的群体是独特的、有别于社会中其他的文化群体。美国的族裔群体包括盎格鲁裔美国人、爱尔兰裔美国人、波兰裔美国人和德裔美国人。

少数族裔群体 具有独特的行为和/或种族特点，其成员易于被其他群体识别的族裔群体。这些群体往往是民族国家中的少数派，是制度化歧视的受害者。例如，犹太裔美国人是以文化和宗教特征为区分的，而非裔美国人、墨西哥裔美国人和日裔美国人则是以生物学和文化特征进行区分的。

由于美国的种族、族裔和语言特征正在发生变化，少数族裔群体一词在教育界使用得越来越少。在 2010—2011 学年，非白人学生在 13 个州占多数：亚利桑那州、加利福尼亚州、特拉华州、佛罗里达州、佐治亚州、夏威夷州、路易斯安那州、马里兰州、密西西比州、新墨西哥州、内华达州、纽约州和得克萨斯州。美国人口普查（2012）预计，到 2042 年白人和非白人将各占美国人口的 50%。

那时，美国将由众多少数群体组成。在美国的教育话语中，非白人人种一词正在逐渐取代少数族裔群体。

特定族裔培养计划　针对某个特定族裔群体的课程和教育政策，比如盎格鲁裔美国人、拉丁裔美国人或亚裔美国人，而不是面向众多族群和文化群体。

民族研究　以美国和其他社会中的族裔群体的历史、文化和经验为对象的科学与人文研究。

欧洲中心论阐释　与居住在美国和其他国家的欧洲人后裔的传统、历史和文化相关的文化特征、教学材料及其他因素。

全球教育　对美国以外国家的文化、机构及国家之间的相互联系的研究。全球教育经常与多元文化教育混淆，多元文化教育关注美国或其他国家内部的教育问题，而全球教育关注的是美国或其他国家之外的话题、问题和发展。

知识建构　帮助学生了解社会、行为和自然科学家如何创造知识，以及他们的文化隐性假设、参照框架、视角、文化语境和偏见如何影响他们知识建构的过程。知识建构教学策略是建构主义性质的，通过让学生参与活动，使他们能够创建自己对过去、现在和未来的解释。

LGBT　男同性恋、女同性恋、双性恋和变性人的首字母缩写词，用于呼吁人们关注LGBT学生、教师、家长、工作人员和管理人员在学校中面临的问题与挑战。这些问题包括在课程中的隐性、身体和言语骚扰，以及偏向于异性恋人群的学校政策（Kavanagh，2012）。

多元文化教育　以重组课程和教育机构，让不同社会阶层、种族和族裔群体学生以及男、女学生和LGBT学生都能体验平等教育机会为主要目标的教育改革运动。多元文化教育包含三个主要成分：(1)教育改革运动，其目的是创造面向所有学生的平等教育机会，(2)思想，目的是实现平等、正义和人权等美国民主理想，(3)长期的实施过程，因为民主理想与学校和社会实践之间总是存在差异。

多元文化学家　认为美国的中小学、学院和大学的课程应该进行改革，以反映美国社会中多元文化和群体的经验和视角的理论家、研究人员和教育工作者。

多元民族教育　旨在重组教育机构，让来自亚裔、原住民和拉丁裔等不同族裔群体的学生体验平等教育机会的教育改革运动。该词在20世纪70年代使用频率很高，但今天在教育话语中已经很少使用了。

新自由主义　自2001年9·11恐怖袭击及之后一系列恐怖袭击发生以来，自全世界出现了严峻的经济问题以来，大多数西方国家出现的一套信念和运动。新自由主义者质疑多元文化主义，倡导社会凝聚力、同化和标准化。他们看重自由市场制度、竞争和市场化。新自由主义者提倡对学生进行标准化测试，批评公立学校、教师和工会。他们主张建立特许学校，让学生、教师和学校之间互相竞争。

范式　一套试图解释人类行为或社会现象，并隐含着政策和行动的相互关联的事实、概念、归纳和理论。范式也是一套阐释，包括具体的目标、假设和可以描述的价值观。范式之间在思想和教育政策方面是相互竞争的。对边缘学生、文化贫困生和不同文化背景学生的阐释都是范式。

范式转变　一个人接受并内化了与之前完全不同、用来阐释现象或事件的解释或理论,就是范式转变的过程。例如,一个人之前认为哥伦布发现了美洲,但现在将哥伦布与阿拉瓦克的相遇看作是两种旧世界文化的碰撞。

非白人人种 该术语用来指在美国历史上因其身体特性而遭受过制度化歧视和种族主义的种族群体。这些群体包括非裔美国人、亚裔美国人、拉丁裔人、美国原住民和夏威夷原住民。

后现代主义 质疑知识是纯粹客观的、普遍的、确定的,且能够被创建的西方科学思想(Kerdaman,2012)。后现代主义认为,知识不是纯粹客观的,而是反映了知识创造者的社会地位、价值观和视角。后现代主义学者"担心所谓的客观性掩盖了权力的渗透"(Kerdeman,2012,第1680页)。后现代主义研究者也认为,宣扬客观性会让研究人员逃避对学习者的"认知责任"(Code,1991)。

重要思想 用来组织课节、单元和课程的关键概念或主题,如文化、社会化、权力和歧视。在概念教学中,教学重点是帮助学生看到联系,并推导出原则、进行归纳。

革新性课程 质疑美国中小学、学院和大学里制度化的以欧洲为中心、以男性为主导的课程中的基本假设和隐含价值观的课程体系。革新性课程可以帮助学生从不同种族、族裔、性别和社会阶层的视角看待概念、事件和形势。革新性课程还能帮助学生建构自己对过去、现在和未来的理解。

西方传统主义者 认为西方思想和理想对美国和世界的发展产生过重要的影响,因此欧洲的西方传统应该在美国的中小学、学院和大学课程中处于中心地位的社会科学家、历史学家和其他学者。

参考文献

Aboud, F. E. (2009). Modifying children's racial attitudes. In J. A. Banks (Ed.), *The Routledge international companion to multicultural education* (pp. 199–209). New York, NY, and London, UK: Routledge.

Aboud, F. E., & Doyle, A. B. (1996). Does talk foster prejudice or tolerance in children? *Canadian Journal of Behavioural Science, 28*(3), 161–171.

Acuña, R. (2007). *Occupied America: A history of Chicanos* (6th ed.). New York, NY: Harper & Row.

Alexander, M. (2010). *The new Jim Crow: Mass incarceration in the age of colorblindness.* New York, NY: The New Press.

Alim, H. S., & Baugh, J. (Eds.). (2007). *Talkin Black talk: Language, education, and social change.* New York, NY: Teachers College Press.

Allport, G. W. (1954). *The nature of prejudice.* Reading, MA: Addison-Wesley.

The American heritage dictionary of the English language (4th ed.). (2000). Boston, MA: Houghton Mifflin.

Amerin, A., & Berlinger, D. (2001, March). High-stakes testing and student learning. *Education Policy Analysis Archives,* North America, 10. Retrieved January 21, 2013, from http://epaa.asu.edu/ojs/article/view/297

Anderson, B. (1991). *Imagined communities: Reflections on the origin and spread of nationalism.* New York, NY: Verso.

Anzaldua, G. (1999). *Borderlands: The new Mestiza.* San Francisco, CA: Spinsters/Aunt Lute.

Appadurai, A. (2006). *Fear of small numbers: An essay on the geography of anger.* Durham, NC, and London, UK: Duke University Press.

Appiah, K. A. (2006). *Cosmopolitanism: Ethnics in a world of strangers.* New York, NY: Norton.

Apple, M. W., & Christian-Smith, L. K. (Eds.). (1991). *The politics of the textbook.* New York, NY, and London, UK: Routledge.

Armitage, S. (1987). Through women's eyes: A new view of the West. In S. Armitage &' E. Jameson (Eds.), *The women's West* (pp. 9–18). Norman, OK: University of Oklahoma Press.

Aronson, E., & Bridgeman, D. (1979). Jigsaw groups and the desegregated classroom: In pursuit of common goals. *Personality and Social Psychology Bulletin, 5,* 438–446.

Aronson, E., & Gonzalez, A. (1988). Desegregation, jigsaw, and the Mexican-American experience. In P. A. Katz & D. A. Taylor (Eds.), *Eliminating racism: Profiles in controversy* (pp. 301–314). New York, NY: Plenum Press.

Arthur, J., Davies, I., & Horn, C. (Eds.). (2008). *The Sage handbook of education for citizenship and democracy.* London, UK, and New York, NY: Sage Publications.

Asante, M. (1998). *The Afrocentric idea* (rev. and exp. ed.). Philadelphia, PA: Temple University Press.
Au, K H. (2011). *Literacy achievement and diversity: Keys to success for students, teachers, and schools*. New York, NY: Teachers College Press.
Au, K. H., & Kawakami, A. J. (1985). Research currents: Talk story and learning to read. *Language Arts, 62*(4), 406–411.
Au, W. (2009). *Unequal by design: High-stakes testing and the standardization of inequality*. New York, NY, and London, UK: Routledge.
Au, W. (2012a). *Critical curriculum studies: Education, consciousness, and the politics of knowing*. New York, NY, and London, UK: Sage.
Au, W. (2012b). High-stakes testing. In J. A. Banks (Ed.), *Encyclopedia of diversity in education* (Vol. 2, pp. 1058–1062). Thousand Oaks, CA: Sage Publications.
Au, W., Bigelow, B., & Karp, S. (2007). *Rethinking our classrooms* (Vol. 1). Milwaukee, WI: Rethinking Schools.
Aud, S., Hussar, F., Kena, G., Roth, E., Manning, E., Wang, X., & Zhang, J. (2012, May). *The condition of education 2012* (NCES 2012-045). Washington, DC: U.S. Department of Education, National Center for Education Statistics. Retrieved August 27, 2012, from http://nces.ed.gov/pubs2012/2012045.pdf
Bailey, A., & Cuomo, C. (Eds.). (2008). *The feminist philosophy reader*. New York, NY: McGraw-Hill.
Baldwin, J. (1985a). A talk to teachers. In *The price of the ticket: Collected nonfiction, 1948–1985* (pp. 325–332). New York, NY: St. Martin's. (Original work published 1963)
Baldwin, J. (1985b). Stranger in the village. In *The price of the ticket: Collected nonfiction, 1948–1985* (pp. 79–90). New York, NY: St. Martin's. (Original work published 1953)
Banks, C. A. M. (2005). *Improving multicultural education: Lessons from the intergroup education movement*. New York, NY: Teachers College Press.
Banks, C. A. M. (2013). Communities, families, and educators working together for school improvement. In J. A. Banks & C. A. M. Banks (Eds.), *Multicultural education: Issues and perspectives* (8th ed., pp. 331–348). Hoboken, NJ: Wiley.
Banks, C. A. M. (in press). The textbook treatment of ethnic groups. In C. E. Cortés (Ed.), *Multicultural America: A multimedia encyclopedia*. Thousand Oaks, CA: Sage Publications.
Banks, J. A. (Ed.). (1996). *Multicultural education, transformative knowledge, and action: Historical and contemporary perspectives*. New York, NY: Teachers College Press.
Banks, J. A. (1997). *Educating citizens in a multicultural society* (2nd ed.). New York, NY: Teachers College Press.
Banks, J. A. (1998). The lives and values of researchers: Implications for educating citizens in a multicultural society. *Educational Researcher, 27*(7), 4–17.
Banks, J. A. (Ed.). (2004a). *Diversity and citizenship education: Global perspectives*. San Francisco, CA: Jossey-Bass.
Banks, J. A. (2004b). Introduction: Democratic citizenship education in multicultural societies. In J. A. Banks (Ed.), *Diversity and citizenship education: Global perspectives* (pp. 3–15). San Francisco, CA: Jossey-Bass.
Banks, J. A. (2004c). Multicultural education: Historical development, dimensions, and practice. In J. A. Banks & C. A. M. Banks (Eds.), *Handbook of research on multicultural education* (2nd ed., pp. 3–29). San Francisco, CA: Jossey-Bass.
Banks, J. A. (2006a). Commentary: Improving race relations in schools: From theory and research to practice. *Journal of Social Issues, 62*(3), 607–614.
Banks, J. A. (2006b). *Cultural diversity and education: Foundations, curriculum, and teaching*

(5th ed.). Boston, MA: Allyn & Bacon.

Banks, J. A. (2006c). *Race, culture, and education: The selected works of James A. Banks*. London, UK, and New York, NY: Routledge.

Banks, J. A. (2007). *Educating citizens in a multicultural society* (2nd ed.). New York, NY: Teachers College Press.

Banks, J. A. (2008). Diversity, group identity, and citizenship education in a global age. *Educational Researcher, 37*(3), 129–139.

Banks, J. A. (Ed.). (2009a). *The Routledge international companion to multicultural education*. New York, NY, and London, UK: Routledge.

Banks, J. A. (2009b). *Teaching strategies for ethnic studies* (8th ed.). Boston, MA: Pearson Allyn & Bacon.

Banks, J. A. (2011). Educating students in diverse societies. *Intercultural Education, 22*(4), 243–251.

Banks, J. A. (Ed.). (2012). *Encyclopedia of diversity in education* (4 vols.). Thousand Oaks, CA: Sage Publications.

Banks, J. A. (2013). Multicultural education: Characteristics and goals. In J. A. Banks & C. A. M. Banks (Eds.), *Multicultural education: Issues and perspectives* (8th ed., pp. 3–23). Hoboken, NJ: Wiley.

Banks, J. A., & Banks. C. A. M. (Eds.). (2004). *Handbook of research on multicultural education* (2nd ed.). San Francisco, CA: Jossey-Bass.

Banks, J. A., & Banks, C. A. M., with Clegg, A. A. (1999). *Teaching strategies for the social studies: Decision-making and citizen action* (5th ed.). New York, NY: Longman.

Banks, J. A., & Banks, C. A. M. (Eds.). (2013). *Multicultural education: Issues and perspectives* (8th ed.). Hoboken, NJ: Wiley.

Banks, J. A., Banks, C. A. M., Cortés, C. E., Merryfield, M. M., Moodley, K. A., Murphy-Shigematsu, S, Osler, A., Park, C., & Parker, W. C. (2005). *Democracy and diversity: Principles and concepts for educating citizens in a global age*. Seattle, WA: University of Washington, Center for Multicultural Education.

Banks, J. A., Cookson, P., Gay, G., Hawley, W. D., Irvine, J. J., Nieto, S., Schofield, J. W., & Stephan, W. G. (2001). *Diversity within unity: Essential principles for teaching and learning in a multicultural society*. Seattle: University of Washington, Center for Multicultural Education.

Banks, J. A., & Park, C. (2010). Race, ethnicity and education: The search for explanations. In P. H. Collins & J. Solomos (Eds.), *Handbook of race and ethnic studies* (pp. 383–414). London, UK, and Thousand Oaks, CA: Sage Publications.

Banks, J. A., with Sebesta, S. L. (1982). *We Americans: Our history and people* (vols. 1 and 2). Boston: Allyn & Bacon.

Battle, M. (2006). *The Black church in America: African American Christian spirituality*. Malden, MA: Blackwell.

Bauder, H. (2011). *Immigration dialectic: Imagining community, economy, and nation*. Toronto, Canada: University of Toronto Press.

Baugh, J. (2012). African American Vernacular English (Ebonics). In J. A. Banks (Ed.), *Encyclopedia of diversity in education* (Vol. 1, pp. 49–54). Thousand Oaks, CA: Sage Publications.

Bawer, B. (2006). *While Europe slept: How radical Islam is destroying the West from within*. New York, NY: Anchor Books.

Bawer, B. (2012). *The victims' revolution: The rise of identity studies and the closing of the liberal mind*. South Westerlo, NY: Brookside Books.

BBC News. (2011, February 5). State multiculturalism has failed, says David Cameron. Retrieved August 20, 2012, from http://www.bbc.co.uk/news/uk-politics-12371994

Benhabib, S. (2004). *The rights of others: Aliens, residents, and citizens*. New York, NY: Cambridge University Press.
Benhabib, S., Shapiro, I., & Petranovic, D. (Eds.). (2007). *Identities, affiliations, and allegiances*. New York, NY: Cambridge University Press.
Bernal, M. (1987/1991). *Black Athena: The Afroasiatic roots of classical civilization* (vols. 1–2). London: Free Association Books.
Bigelow, B., & Peterson, B. (Eds.). (2002). *Rethinking globalization: Teaching for justice in an unjust world*. Milwaukee, WI: Rethinking Schools.
Bigelow, B., & Peterson, B. (2003). *Rethinking Columbus: The next 500 years* (Expanded 2nd ed.). Milwaukee, WI: Rethinking Schools.
Bigler, R. S., & Hughes, J. M. (2009). The nature and origins of children's racial attitudes. In J. A. Banks (Ed.), *The Routledge international companion to multicultural education* (pp. 186–198). New York, NY, and London, UK: Routledge.
Blassingame, J. W. (1972). *The slave community: Plantation life in the Antebellum South*. New York, NY: Oxford University Press.
Bloom, A. (1987). *The closing of the American mind*. New York, NY: Simon & Schuster.
Bogatz, G. A., & Ball, S. (1971). *The second year of Sesame Street: A continuing evaluation*. Princeton, NJ: Educational Testing Service.
Bomer, R., Dworin, J. E., May, L., & Semingston, P. (2008). Miseducating teachers about the poor: A critical analysis of Ruby Payne's claims about poverty. *Teachers College Record, 110*(12), 2497–2531.
Boucher, P. P. (2000). First impressions: Europeans and Island Caribs in the pre-colonial era, 1492–1623. In A. A. Shepard & H. M. Beckles (Eds.), *Caribbean slavery in the Atlantic world* (pp. 100–116). Kingston, Jamaica: Ian Randle Publishers.
Bowen, W. G., & Bok, D. (1998). *The shape of the river: Long-term consequences of considering race in college and university admissions*. Princeton, NJ: Princeton University Press.
Boykin, A. W. (2012). Talent development model of schooling. In J. A. Banks (Ed.), *Encyclopedia of diversity in education* (Vol. 4, pp. 2111–2114). Thousand Oaks, CA: Sage Publications.
Brayboy, B. M. J., & Villegas, M. (2012). American Indian identity and education. In J. A. Banks (Ed.), *Encyclopedia of diversity in education* (Vol. 1, pp. 100–104). Thousand Oaks, CA: Sage Publications.
Brinton, C. (1962). *The anatomy of revolution*. New York, NY: Vintage.
Brodkin, K. (1998). *How the Jews became White folks and what that says about race in America*. New Brunswick, NJ: Rutgers University Press.
Brookover, W., Beady, C., Flood, P., Schweitzer, J., & Wisenbaker, J. (1979). *School social systems and student achievement: Schools can make a difference*. New York, NY: Praeger.
Brookover, W. B., & Erickson, E. L. (1969). *Society, schools, and learning*. Boston, MA: Allyn & Bacon.
Byrnes, D. A., & Kiger, G. (1990). The effect of prejudice-reduction simulation on attitude change. *Journal of Applied Social Psychology, 20*(4), 341–356.
Bruner, J. S. (1960). *The process of education*. Cambridge, MA: Harvard University Press.
Burns, G. M. (1978). *Leadership*. New York, NY: Harper & Row.
Cammarota, J., & Aguilera, M. (2012). "By the time I get to Arizona": Race, language, and education in America's racist state. *Race Ethnicity and Education, 15*(4), 485–500.
Castles, S. (2004). Migration, citizenship, and education. In J. A. Banks (Ed.), *Diversity and citizenship education: Global perspectives* (pp. 17–48). San Francisco, CA: Jossey-Bass.
Castles, S. (2009). World population movements, diversity, and education. In J. A. Banks (Ed.), *The Routledge international companion to multicultural education* (pp. 49–61). New York, NY, and London, UK: Routledge.

Cesari, J. (2004). *When Islam and democracy meet: Muslims in Europe and the United States*. New York, NY: Pelgrave Macmillan.
Chang, M. J. (2012). Asian American studies. In J. A. Banks (Ed.), *Encyclopedia of diversity in education* (Vol. 1, pp. 142–145). Thousand Oaks, CA: Sage Publications.
Chavez, L. (1991). *Out of the barrio: Toward a new politics of Hispanic assimilation*. New York, NY: Basic Books.
Chavez, L. (2010, May 24). Focus on U.S. history, not ethnic studies. *Dallas Morning News*. Retrieved April 4, 2011, from http://www.dallasnews.com/opinion/latest-columns/20100514-Linda-Chavez-Focus-on-U-6265.ece
Ciullo, R., & Troiani, M. Y. (1988). Resolution of prejudice: Small group interaction and behavior of latency-age children. *Small Group Behavior, 19*(3), 386–394.
Clark, C. (2012). School-to-prison pipeline. In J. A. Banks (Ed.), *Encyclopedia of diversity in education* (Vol. 4, pp. 1894–1897). Thousand Oaks, CA: Sage Publications.
Clark, K. B. (1965). *Dark ghetto: Dilemmas of social power*. New York, NY: Harper & Row.
Cochran-Smith, M. (2012). Social justice and teacher education: Issues, challenges, and a theory. In J. A. Banks (Ed.), *Encyclopedia of diversity in education* (Vol. 4, pp. 1995–2002). Thousand Oaks, CA: Sage Publications.
Code, L. (1991). *What can she know? Feminist theory and the construction of knowledge*. Ithaca, NY: Cornell University Press.
Cohen, E. (1972). Interracial interaction disability. *Human Relations, 25*, 9–24.
Cohen, E. G. (1984a). Talking and working together: Status, interaction, and learning. In P. Peterson, L. C. Wilkinson, & M. Hallinan (Eds.), *The social context of instruction* (pp. 171–186). New York, NY: Academic Press.
Cohen, E. G. (1984b). The desegregated school: Problems in status power and interethnic climate. In N. Miller & M. B. Brewer (Eds.), *Groups in contact: The psychology of desegregation* (pp. 77–96). New York, NY: Academic Press.
Cohen, E. G. (1994). *Designing groupwork: Strategies for the heterogeneous classroom* (2nd ed.). New York, NY: Teachers College Press.
Cohen, E. G., & Lotan, R. A. (1995). Producing equal-status interaction in the heterogeneous classroom. *American Educational Research Journal, 32*, 99–120.
Cohen, E., & Lotan, R. A. (Eds.). (1997). *Working for equity in heterogeneous classrooms*. New York, NY: Teachers College Press.
Cohen, E. G., & Roper, S. S. (1972). Modification of interracial interaction disability: An application of status characteristic theory. *American Sociological Review, 37*, 643–657.
Collins, P. H. (2000). *Black feminist thought: Knowledge, consciousness, and the politics of empowerment* (2nd ed.). New York, NY: Routledge.
Comer, J. P. (2012). Comer School Development Program. In J. A. Banks (Ed.), *Encyclopedia of diversity in education* (Vol. 1, pp. 411–415). Thousand Oaks, CA: Sage Publications.
Conant, N. (host). (2010). "Talk of the nation" : Arizona ban on ethnic studies divides educators. Retrieved August 17, 2012, from http://www.npr.org/templates/story/story.php?storyId=127092809
Conchas, G. Q., & Vigil, J. D. (2012). *Streetsmart/schoolsmart: Urban poverty and the education of adolescent boys*. New York, NY: Teachers College Press.
Convertino, C., Levinson, B. A., & González, N. (2013). Culture, teaching, and learning. In J. A. Banks & C. A. M. Banks (Eds.), *Multicultural education: Issues and perspective* (8th ed., pp. 24–40). Hoboken, NJ: Wiley.
Cortés, C. E. (2012). Media, curriculum, and teaching. In J. A. Banks (Ed.), *Encyclopedia of diversity in education* (Vol. 3, pp. 1461–1463). Thousand Oaks, CA: Sage Publications.
Cremin, L. A. (1988). *American education: The metropolitan experience, 1876–1980*. New York,

NY: Harper & Row.
Cross, W. E., Jr. (1991). *Shades of Black: Diversity in African-American identity.* Philadelphia, PA: Temple University Press.
Cross, W. E., Jr. (2012). Ethnic and racial identity development. In J. A. Banks (Ed.), *Encyclopedia of diversity in education* (Vol. 2, pp. 828–833). Thousand Oaks, CA: Sage Publications.
Darling-Hammond, L. (2010). *The flat world and education: How America's commitment to equity will determine our future.* New York, NY: Teachers College Press.
Davis, F. J. (1991). *Who is Black? One nation's definition.* University Park, PA: Pennsylvania State University Press.
De Blij, H. (2008). *The power of place: Geography, destiny, and globalization's rough landscape.* New York, NY: Oxford University Press.
Delbanco, A. (2012, August 26). Review of the victims' revolution: The rise of identity studies and the closing of the liberal mind. *The New York Times Book Review,* pp. 1 and 20.
DeNavas-Walt, C., Proctor, B. D., & Lee, C. H. (2005). *Income, poverty, and health insurance coverage in the United States, 2004. U.S. Census Bureau, current population reports* (Series P60-229). Washington, DC: U.S. Government Printing Office.
DeNavas-Walt, C., Proctor, B. D., & Smith, J. C. (2011). *Income, poverty, and health insurance coverage in the United States, 2010. U.S. Census Bureau, current population reports* (Series P60-239). Washington, DC: U.S. Government Printing Office. Retrieved August 5, 2012, from http://www.census.gov/prod/2011pubs/p60-239.pdf
Delpit, L. (2012). *"Multiplication is for White people": Raising expectations for other people's children.* New York, NY: The New Press.
Dershowitz, A. M. (1997). *The vanishing American Jew: In search of Jewish identity for the next century.* New York, NY: Little, Brown.
Dewey, J. (1959). *Experience and education.* New York, NY: Macmillan.
Dickeman, M. (1973). Teaching cultural pluralism. In J. A. Banks (Ed.), *Teaching ethnic studies: Concepts and strategies* (pp. 5–25). Washington, DC: National Council for the Social Studies.
Dilworth, M. E., & Brown, A. L. (2008). Teachers of color: Quality and effective teachers one way or another. In M. Cochran-Smith, S. Feiman-Nemser, D. J. McIntyre, & K. E. Demers (Eds.), *Handbook of research on teacher education: Enduring questions in changing contexts* (3rd ed., pp. 424–444). New York, NY, and London, UK: Routledge.
Dorris, M. (1992). *Morning girl.* New York, NY: Hyperion Books for Children.
Drachsler, J. (1920). *Democracy and assimilation.* New York, NY: Macmillan.
DuBois, W. E. B. (1962). *Black reconstruction in America, 1860–1880: An essay toward a history of the part which Black folk played in the attempt to reconstruct democracy in America, 1860–1880.* New York, NY: Atheneum. (Original work published 1935)
Eck, D. L. (2001). *A new religious America: How a "Christian country" has become the world's most religiously diverse nation.* New York, NY: HarperSanFrancico.
Edelman, M. W. (1992). *The measure of our success: A letter to my children and yours.* Boston, NY: Beacon Press.
Edmonds, R. (1986). Characteristics of effective schools. In U. Neissser (Ed.), *The school achievement of minority children: New perspectives* (pp. 93–104). Hillsdale, NJ: Erlbaum.
Erickson, F. D. (2012). Culture and education. In J. A. Banks (Ed.), *Encyclopedia of diversity in education* (Vol. 1, pp. 559–568). Thousand Oaks, CA: Sage Publications.
Farganis, S. (1986). *The social construction of the feminine character.* Totowa, NJ: Russell & Russell.

Foner, E. (1998). *The story of American freedom.* New York, NY: Norton.
Foner, E. (2010). *The fiery trial: Abraham Lincoln and American slavery.* New York, NY: Norton.
Ford, D. (2013). Recruiting and retaining gifted students from different ethnic, cultural, and language groups. In J. A. Banks & C. A. M. Banks (Eds.), *Multicultural education: Issues and perspectives* (8th ed., pp. 291–308). Hoboken, NJ: Wiley.
Fordham, S. (1988). Racelessness as a factor in Black students' school success: Pragmatic strategy or Pyrrhic victory? *Harvard Educational Review, 58,* 54–84.
Fordham, S. (1991). Racelessness in private schools: Should we deconstruct the racial and cultural identity of African-American adolescents? *Teachers College Record, 92,* 470–484.
Fordham, S., & Ogbu, J. (1986). Black students' school success: Coping with the burden of "acting White." *The Urban Review, 18,* 176–206.
Foucault, M. (1972). *The archaeology of knowledge and the discourse on language.* New York, NY: Pantheon.
Friedman, T. L. (2005). *The world is flat: A brief history of the twenty-first century.* New York, NY: Farrar, Straus and Giroux.
Friend, M. (2012). Inclusion and inclusive practices in special education. In J. A. Banks (Ed.), *Encyclopedia of diversity in education* (Vol. 2, pp. 1144–1147). Thousand Oaks, CA: Sage Publications.
Freire, P. (2000). *Pedagogy of the oppressed* (30th anniv. ed.). New York, NY: Continuum.
Galindo, C., & Pucino, A. L. (2012). Family diversity and school-family relationships. In J. A. Banks (Ed.), *Encyclopedia of diversity in education* (Vol. 2, pp. 885–889). Thousand Oaks, CA: Sage Publications.
Gándara, P., & Hopkins, M. (Ed.). (2010). *Forbidden language: English learners and restrictive language policies.* New York, NY: Teachers College Press.
Garcia, R. L. (2011). *Teaching for diversity: A guide to greater understanding* (3rd ed.). Bloomington, IN: Solution Tree Press.
Gardner, H. (2006). *Multiple intelligences: New horizons* (revised & updated). New York, NY: Basic Books.
Gay, G. (2010). *Culturally responsive teaching: Theory, research, and practice* (2nd ed.). New York, NY: Teachers College Press.
Gay, G. (2012). Multicultural education: Purposes and goals. In J. A. Banks (Ed.), *Encyclopedia of diversity in education* (Vol. 3, pp. 1547–1552). Thousand Oaks, CA: Sage Publications.
Geertz, C. (1995). *After the fact: Two countries, four decades, one anthropologist.* Cambridge, MA: Harvard University Press.
Gillborn, D. (2008). *Racism and education: Coincidence or conspiracy?* London, UK, and New York, NY: Routledge.
Gimmestad, B. J., & DeChiara, E. (1982). Dramatic plays: A vehicle for prejudice reduction in the elementary school. *Journal of Educational Research, 76*(1), 45–49.
Giroux, H. A. (1983). *Theory and resistance in education.* Boston, MA: Bergin & Garvey.
Giroux, H. A. (1988). *Teachers as intellectuals: Toward a critical pedagogy of learning.* Granby, MA: Bergin & Garvey.
Glazer, N. (1997). *We are all multiculturalists now.* Cambridge, MA: Harvard University Press.
Gonçalves e Silva, P. B. (2004). Citizenship and education in Brazil: The contribution of Indian peoples and Blacks in the struggle for citizenship. In J. A. Banks (Ed.), *Diversity and citizenship education: Global perspectives* (pp. 185–217). San Francisco, CA: Jossey-Bass.
Gordon, M. M. (1964). *Assimilation in American life: The role of race, religion, and national*

origins. New York, NY: Oxford University Press.
Gould, S. J. (1981). *The mismeasure of man*. New York, NY: Norton.
Graham, P. A. (2005). *Schooling in America: How the public schools meet the nation's changing needs*. New York, NY: Oxford University Press.
Grant, C. A., & Sleeter, C. E. (1986). Race, class, and gender in education research. *Review of Educational Research, 56*(2), 195–211.
Grant, C. A., & Zwier, E. (2012). Intersectionality and education. In J. A. Banks (Ed.), *Encyclopedia of diversity in education* (Vol. 2, pp. 1262–1270). Thousand Oaks, CA: Sage Publications.
Green, R. L. (2005). *Expectations: How teacher expectations can increase student achievement and assist in closing the achievement gap*. Columbus, OH: SRA/McGraw-Hill.
Green, R. L. (2012). Teacher expectations. In J. A. Banks (Ed.), *Encyclopedia of diversity in education* (Vol. 4, pp. 2126–2127). Thousand Oaks, CA: Sage Publications.
Greeno, J. G., Collins, A. M., & Resnick, L. (1996). Cognition and learning. In D. C. Berlinger & R. C. Calfee (Eds.), *Handbook of educational psychology* (pp. 15–46). New York, NY: Macmillan.
Greer, B., Mukhopadhyay, S., Nelson-Barber, S., & Powell, A. B. (Eds.). (2009). *Culturally responsive mathematics education*. New York, NY, and London, UK: Routledge.
Greer, S. (1969). *The logic of social inquiry*. Chicago, IL: Aldine.
Gurin, P., & Nagda, B. A. (2012). Intergroup dialogue. In J. A. Banks (Ed.), *Encyclopedia of diversity in education* (Vol. 2, pp. 1231–1236). Thousand Oaks, CA: Sage Publications.
Guthrie, J. A. (Ed.). (2003). *Encyclopedia of education* (Vol. 8, 2nd ed., pp. 3087–3090). New York, NY: Macmillan Reference USA.
Gutiérrez, K. (2004). *Rethinking education policy for English learners*. Washington, DC: Congressional Program, Aspen Institute.
Gutman, H, G. (1976). *The Black family in slavery and freedom, 1750–1925*. New York, NY: Vintage.
Gutmann, A. (2003). *Identity in democracy*. Princeton, NJ: Princeton University Press.
Gutmann, A. (2004). Unity and diversity in democratic multicultural education: Creative and destructive tensions. In J. A. Banks (Ed.), *Diversity and citizenship education: Global perspectives* (pp. 71–96). San Francisco, CA: Jossey-Bass.
Guy-Sheftall, B. (2012). Black women studies. In J. A. Banks (Ed.), *Encyclopedia of diversity in education* (Vol. 1, pp. 248–253). Thousand Oaks, CA: Sage Publications.
Haberman, M. (1989). More minority teachers. *Phi Delta Kappan, 70*(10), 771–776.
Habermas, J. (1971). *Knowledge and human interests*. Boston, MA: Beacon.
Handlin, O. (2002). *The uprooted: The epic story of the great migrations that made the American people* (2nd ed.). New York, NY: Little Brown (Original work published 1951).
Harding, S. (1991). *Whose knowledge? Whose science? Thinking from women's lives*. Ithaca, NY: Cornell University Press.
Harding, S. (1998). *Is science multicultural? Postcolonialisms, feminisms, and epistemologies*. Bloomington, IN: Indiana University Press.
Harding, S. (2012). Objectivity and diversity. In J. A. Banks (Ed.), *Encyclopedia of diversity in education* (Vol. 3, pp. 1625–1630). Thousand Oaks, CA: Sage Publications.
Hargreaves, A. G. (1995). *Immigration, "race," and ethnicity in France*. London, UK, and New York, NY: Routledge.
Harry, B. (2012). Multicultural special education. In J. A. Banks (Ed.), *Encyclopedia of diversity in education* (Vol. 3, pp. 1560–1563). Thousand Oaks, CA: Sage Publications.
Hartsock, C. M. (1998). *The feminist standpoint revisited and other essays*. Boulder, CO: Westview Press.

Heath, S. B. (2012). *Words at work and play: Three decades in family life and community.* New York, NY: Cambridge University Press.

Hechinger, J. (2010, December 7). U.S. teens lag as China soars on international test. *Bloomberg. com.* Retrieved August 14, 2012, from http://www.bloomberg.com/news/2010-12-07/teens-in-u-s-rank-25th-on-math-test-trail-in-science-reading.html

Henry, K. (n.d.). Max Weber's typology of forms of authority—Traditional, rational-legal, and charismatic. Retrieved August 16, 2009, from http://ezinearticles.com/?Max-Webers-Typology-of-Forms-of-Authority---Traditional,-Rational-Legal,-and-Charismatic&id=507723\

Herrnstein, R. J., & Murray, C. (1994). *The bell curve: Intelligence and class structure in American life.* New York, NY: The Free Press.

Hewstone, M., & Brown, R. (1986). Contact is not enough: An intergroup perspective on the "contact hypothesis." In M. Hewstone & R. Brown (Eds.), *Contact and conflict in intergroup encounters* (pp. 1–44). New York, NY: Basil Blackwell.

Hirasawa, Y. (2009). Multicultural education in Japan. In J. A. Banks (Ed.), *The Routledge international companion to multicultural education* (pp. 159–169). New York, NY, and London, UK: Routledge.

Hirsch, E. D., Jr. (1987). *Cultural literacy: What every American needs to know.* Boston, MA: Houghton Mifflin.

Hirschfelder, A. (Ed.). (1995). *Native heritage: Personal accounts by American Indians, 1790 to present.* New York, NY: Macmillan.

Hixson, L., Hepler, B. B., & Kim, M. O. (2011, September). *The White population: 2010.* 2010 Census briefs. Retrieved August 24, 2010, from http://www.census.gov/prod/cen2010/briefs/c2010br-05.pdf

Hollins, E. R. (2012). Learning styles. In J. A. Banks (Ed.), *Encyclopedia of diversity in education* (Vol. 3, pp. 1371–1372). Thousand Oaks, CA: Sage Publications.

Howard, G. R. (2006). *We can't teach what we don't know: White teachers, multicultural schools* (2nd ed.). New York, NY: Teachers College Press.

Howard, G. R. (2012). White teachers in multicultural education. In J. A. Banks (Ed.), *Encyclopedia of diversity in education* (Vol. 4, pp. 2309–2312). Thousand Oaks, CA: Sage Publications.

Howard, T. C. (2010). *Why race and culture matter in schools: Closing the achievement gap in America's classrooms.* New York, NY: Teachers College Press.

Howard, T. C. (2012). African American males, education of. In J. A. Banks (Ed.), *Encyclopedia of diversity in education* (Vol. 1, pp. 41–45). Thousand Oaks, CA: Sage Publications.

Horn, I. S. (2012). Mathematics, collaborative learning in. In J. A. Banks (Ed.), *Encyclopedia of diversity in education* (Vol. 3, pp. 1444–1448). Thousand Oaks, CA: Sage Publications.

Hoxie, F. E. (Ed.). (1988). *Indians in American history.* Arlington Heights, IL: Harlan Davidson.

Hoxie, F. E. (Ed.). (1996). *Encyclopedia of North American Indians.* Boston, NY: Houghton Mifflin.

Huber, J. J., Artiles, A. J., & Hernandez-Saca, D. (2012). Special education and students of color. In J. A. Banks (Ed.), *Encyclopedia of diversity in education* (Vol. 4, pp. 2066–2069). Thousand Oaks, CA: Sage Publications.

Hu-DeHart, E. (2012). Ethnic studies in higher education. In J. A. Banks (Ed.), *Encyclopedia of diversity in education* (Vol. 2, pp. 844–848). Thousand Oaks, CA: Sage Publications.

Hudley, A. H. C., & Mallinson, C. (2011). *Understanding English language variation in U.S. schools.* New York, NY: Teachers College Press.

Huntington, S. P. (2004). *Who are we? The challenges to America's national identity*. New York, NY: Simon & chuster.

Ijaz, M. A., & Ijaz, I. H. (1981). A cultural program for changing racial attitudes. *History and Social Science Teacher, 17*(1), 17–20.

Indianapolis Public Schools. (1996, November). *Resolution No. 7397: Indianapolis Public Schools multicultural education*. Indianapolis, IN: Author.

Inglis, C. (2009). Multicultural education in Australia: Two generations of evolution. In J. A. Banks (Ed.), *The Routledge international companion to multicultural education* (pp. 109–120). New York, NY, and London, UK: Routledge.

Irvine, J. J., & York, D. E. (1995). Learning styles and culturally diverse students: A literature review. In J. A. Banks & C. A. M. Banks (Eds.), *Handbook of research on multicultural education* (pp. 484–497). San Francisco, CA: Jossey-Bass.

Jackson, J. K. (2012). *Foreign direct investment in the United States: An economic analysis*. Washington, DC: Congressional Research Service. Retrieved August 8, 2012, from http://digitalcommons.ilr.cornell.edu/key_workplace/919/

Jackson, P. (1992). *Untaught lessons*. New York, NY: Teachers College Press.

Jane, L. C. (1989). *The journal of Christopher Columbus*. New York, NY: Bonanza Books.

Jacobsen, L. A., Kent, M., Lee, M., & Mather, M. (2011). America's aging population. *Population Bulletin, 66*(1). Washington, DC: Population Reference Bureau.

Jacobson, M. F. (1998). *Whiteness of a different color: European immigrants and the alchemy of race*. Cambridge, MA: Harvard University Press.

Jacoby, S. (2000). *Half-Jew: A daughter's search for her family's buried past*. New York, NY: Scribner's.

Jennings, F. (1975). *The invasion of America: Indians, colonialism, and the cant of conquest*. New York, NY: Norton.

Johnson, C. (2008). Meeting challenges in US education: Striving for success in a diverse society. In W. Guofang (Ed.), *The education of diverse student populations: A global perspective* (pp. 79–95). London, UK: Springer.

Johnson, D. W., & Johnson, R. T. (1981). Effects of cooperative and individualistic learning experiences on interethnic interaction. *Journal of Educational Psychology, 73*, 444–449.

Johnson, D. W., & Johnson, R. T. (1991). *Learning together and alone* (3rd ed.). Englewood Cliffs, NJ: Prentice-Hall.

Johnson, W. B., & Packer, A. B. (1987). *Workforce 2000: Work and workers for the 21st century*. Washington, DC: U.S. Government Printing Office.

Joppke, C. (2010). *Citizenship and immigration*. Malden, MA: Polity Press.

Joseph, R. L. (2012). Multiracial and multiethnic identities. In J. A. Banks (Ed.), *Encyclopedia of diversity in education* (Vol. 3, pp. 1582–1585). Thousand Oaks, CA: Sage Publications.

Joshee, R. (2009). Multicultural education policy in Canada: Competing ideologies, interconnected discourses. In J. A. Banks (Ed.), *The Routledge international companion to multicultural education* (pp. 96–108). New York, NY, and London, UK: Routledge.

Kaplan, A. (1964). *The conduct of inquiry: Methodology for behavioral science*. San Francisco, CA: Chandler.

Katz, P. A., & Zalk, S. R. (1978). Modification of children's racial attitudes. *Developmental Psychology, 14*, 447–461.

Kavanagh, S. S. (2012). Lesbian, gay, bisexual, and transgender issues in K-12 education. In J. A. Banks (Ed.), *Encyclopedia of diversity in education* (Vol. 3, pp. 1384–1387). Thousand Oaks, CA: Sage Publications.

Kerdeman, D. (2012). Postmodernism. In J. A. Banks (Ed.), *Encyclopedia of diversity in education* (Vol. 3, pp. 1677–1681). Thousand Oaks, CA: Sage Publications.

参考文献

Kim, R. H,. & Sue, D. W. (2012). Multicultural counseling. In J. A. Banks (Ed.), *Encyclopedia of diversity in education* (Vol. 3, pp. 1526–1530). Thousand Oaks, CA: Sage Publications.

King, E. W. (2012). Islamophobia in U.S. society and schools, recognizing and countering. In J. A. Banks (Ed.), *Encyclopedia of diversity in education* (Vol. 2, pp. 1281–1284). Thousand Oaks, CA: Sage Publications.

King, J. L. (2004). Culture-centered knowledge: Black studies, curriculum transformation, and social action. In J. A. Banks & C. A. M. Banks (Eds.), *Handbook of research on multicultural education* (2nd ed., pp. 349–378). San Francisco, CA: Jossey-Bass.

King, M. L., Jr. (1987). Selected by C. S. King. *The words of Martin Luther King, Jr.* New York, NY: Newmarket Press.

Kornhaber, M. L. (2012). Standardized testing and standards. In J. A. Banks (Ed.), *Encyclopedia of diversity in education* (Vol. 4, pp. 2073–2076). Thousand Oaks, CA: Sage Publications.

Kuhn, T. S. (1970). *The structure of scientific revolutions* (2nd ed.). Chicago, IL: University of Chicago Press.

Kumashiro, K. K. (2012). *Bad teacher: How blaming teachers distorts the bigger picture.* New York, NY: Teachers College Press.

Kymlicka, W. (1995). *Multicultural citizenship: A liberal theory of minority rights.* New York, NY: Oxford University Press.

Kymlicka, W. (2004). Foreword. In J. A. Banks (Ed.), *Diversity and citizenship education: Global perspectives* (pp. xiii–xviii). San Francisco, CA: Jossey-Bass.

Kymlicka, W., & Norman, W. (Eds.). (2000). *Citizenship in diverse societies.* New York, NY: Oxford University Press.

Ladner, J. A. (Ed.). (1973). *The death of White sociology.* New York, NY: Vintage.

Ladson-Billings, G. (1994). *The dreamkeepers: Successful teachers of African American children.* San Francisco, CA: Jossey-Bass.

Ladson-Billings, G. (2004). Culture-versus citizenship: The challenge of racialized citizenship in the United States. In J. A. Banks (Ed.), *Diversity and citizenship education: Global perspectives* (pp. 99–126). San Francisco, CA: Jossey-Bass.

Ladson-Billings, G. (2012). Through a class darkly: The persistence of race in education research and scholarship. *Educational Researcher, 31*(4), 115–120.

Ladson-Billings, G. J. (2006). From the achievement gap to the education debt: Understanding achievement in U.S. schools. *Educational Researcher, 35*(7), 3–12.

Law, W.-W. (2011). *Citizenship and citizenship education in a global age: Politics, policies, and practices in China.* New York, NY: Peter Lang.

Lee, C. D. (2007). *Culture, literacy, and learning: Taking bloom in the midst of the whirlwind.* New York, NY: Teachers College Press.

Lee, O., & Buxton, C. A. (2010). *Diversity and equity in science education: Research, policy, and practice.* New York, NY: Teachers College Press.

Lee, W. O. (2012). Citizenship education in Asia. In J. A. Banks (Ed.), *Encyclopedia of diversity in education* (Vol. 1, pp. 369–375). Thousand Oaks, CA: Sage Publications.

Lemaire, E. (2009). Education, immigration, and citizenship education in France. In J. A. Banks (Ed.), *The Routledge international companion to multicultural education* (pp. 323–333). New York, NY, and London, UK: Routledge.

Leonardo, Z. (2012). Racialization, process of. In J. A. Banks (Ed.), *Encyclopedia of diversity in education* (Vol. 3, pp. 1758–1761). Thousand Oaks, CA: Sage Publications.

Levine, L. W., & Lezotte, D. U. (2001). Effective schools research. In J. A. Banks & C. A. M. Banks (Eds.), *Handbook of research on multicultural education* (pp. 525–547). San Francisco, CA: Jossey-Bass.

Levy, S. R., & Killen, M. (Eds.). (2008). *Intergroup attitudes and relations in childhood through adulthood.* New York, NY: Oxford University Press.
Lightfoot, S. L. (1988). *Balm in Gilead: Journey of a healer.* Reading, MA: Addison Wesley.
Limage, L. J. (2000). Education and Muslim identity: The case of France. *Comparative Education, 36*(1), 73–94.
Limerick, P. N. (1987). *The legacy of conquest: The unbroken past of the American West.* New York, NY: Norton.
Limerick, P. N. (2000). *Something in the soil: Legacies and reckonings in the new West.* New York, NY: Norton.
Litcher, J. H., & Johnson, D. W. (1969). Changes in attitudes toward Negroes of White elementary school students after use of multiethnic readers. *Journal of Educational Psychology, 60,* 148–152.
Liu, E. (2012, May 1). The Whitewashing of Arizona: The state ban on "ethnic studies" reveals a deep fear of racial diversity. *Time.* Retrieved August 22, 2012, from http://ideas.time.com/2012/05/01/the-whitewashing-of-arizona/
Loewen, J. W. (1995). *Lies my teacher told me. Everything your American history textbook got wrong.* New York, NY: The New Press.
Loewen, J. W. (1999). *Lies across America: What our historic sites get wrong.* New York, NY: The New Press.
Loewen, J. W. (2005). *Sundown towns: A hidden dimension of American racism.* New York, NY: The New Press.
Loewen, J. W. (2010). *Teaching what really happened: How to avoid the tyranny of textbooks and get students excited about doing history.* New York, NY: Teachers College Press.
Lomawaima, K. T. (2012). American Indians, education of. In J. A. Banks (Ed.), *Encyclopedia of diversity in education* (Vol. 1, pp. 104–109). Thousand Oaks, CA: Sage Publications.
Lomawaima, K. T., & McCarty, T. L. (2006). *"To remain an Indian": Lessons in democracy from a century of Native American education.* New York, NY: Teachers College Press.
López, I. F. (1966). *White by law: The legal construction of race.* New York, NY: New York University Press.
Lotan, R. (2012). Complex instruction. In J. A. Banks (Ed.), *Encyclopedia of diversity in education* (Vol. 1, pp. 436–439). Thousand Oaks, CA: Sage Publications.
Luchtenberg, S. (Ed.). (2004). *Migration, education and change.* London, UK: Routledge.
Mahiri, J. (2004). *What they don't learn in school: Literacy in the lives of urban youth.* New York, NY: Peter Lang.
Mahiri, J. (2011). *Digital tools in urban schools: Mediating a remix of learning.* Ann Arbor, MI: University of Michigan Press.
Marable, M. (2011). *Malcolm X: A life of reinvention.* New York, NY: Viking.
Marshall, G. (1994). *The concise Oxford dictionary of sociology.* New York, NY: Oxford University Press.
Martin, M., & Midgley, E. (2010). Immigration in America: 2010. *Population Bulletin.* Washington DC: Population Reference Bureau. Retrieved August 8, 2012, from http://www.prb.org/articles/2010/immigrationupdatehome.aspx
Martin, P., & Widgren, J. (2002). International migration: Facing the challenge. *Population Bulletin, 57*(1). Washington, DC: Population Reference Bureau.
Mather, M., Pollard, K., & Jacobsen, L. A. (2011). *Reports on America: First results from the 2010 Census.* Washington, DC: Population Reference Bureau.
Mayo, C. (2013). Queer lessons: Sexual and gender minorities in multicultural education. In J. A. Banks & C. A. M. Banks (Eds.), *Multicultural education: Issues and perspectives* (8th ed., pp. 161–175). Hoboken, NJ: Wiley.

参考文献

McGoldrick, M., Giordano, J., & Pearce, J. K. (1996). *Ethnicity and family therapy* (2nd ed.). New York, NY: Guilford.

McGregor, J. (1993). Effectiveness of role playing and antiracist teaching in reducing student prejudice. *Journal of Educational Research, 86*(4), 215–226.

McIntosh, P. (2012). White privilege and education. In J. A. Banks (Ed.), *Encyclopedia of diversity in education* (Vol. 4, pp. 2300–2305). Thousand Oaks, CA: Sage Publications.

Meier, A., & Rudwick, E. (1986). *Black history and the historical profession, 1915–1980.* Urbana, IL: University of Illinois Press.

Meier, D., & Wood, G. H. (Eds.). (2005). *Many children left behind: How the No Child Left Behind Act is damaging our children and our schools.* Boston, MA: Beacon.

Merton, R. K. (1972). Insiders and outsiders: A chapter in the sociology of knowledge. *American Journal of Sociology, 78,* 9–47.

Michigan Department of Education. (1980). *Position statement on multicultural education.* Lansing, MI: Author.

Moll, L. C., & Gonzáles, N. (2004). Engaging life: A funds-of-knowledge approach to multicultural education. In J. A. Banks & C. A. M. Banks (Eds.), *Handbook of research on multicultural education* (2nd ed., pp. 699–715). San Francisco, CA: Jossey-Bass.

Moll, L., & Spear-Ellinwood, K. (2012). Funds of knowledge. In J. A. Banks (Ed.), *Encyclopedia of diversity in education* (Vol. 2, pp. 937–938). Thousand Oaks, CA: Sage Publications.

Montana Office of Public Instruction. (2007, March 12). Indian Education for All Best Practices Conference. Retrieved August 19, 2012, from http://www.metnet.mt.gov/official_mail/FOV7-00103588/I0275A8DB

Moon, S. (2012). Korea, multicultural education in. In J. A. Banks (Ed.), *Encyclopedia of diversity in education* (Vol. 3, pp. 1307–1312). Thousand Oaks, CA: Sage Publications.

Morrison, T. (1992). *Playing in the dark: Whiteness and the literary imagination.* New York, NY: Random House.

Morrison, T. (2012). *Home: A novel.* New York, NY: Alfred A. Knop.

Moses, R. P., & Cobb, C. E., Jr. (2001). *Radical equations: Math literacy and civil rights.* Boston, MA: Beacon Press.

Mukhopadhyay, S., & Greer, B. (2012). Ethnomathematics. In J. A. Banks (Ed.), *Encyclopedia of diversity in education* (Vol. 2, pp. 857–861). Thousand Oaks, CA: Sage Publications.

Murphy-Shigematsu, S. (2004). Expanding the borders of the nation: Ethnic diversity and citizenship education in Japan. In J. A. Banks (Ed.), *Diversity and citizenship education: Global perspectives* (pp. 303–332). San Francisco, CA: Jossey-Bass.

Murphy-Shigematsu, S. (2012). *When half is whole: Multiethnic Asian American identities.* Stanford, CA: Stanford University Press.

Murray, C. (2012). *Coming apart: The state of White America, 1960–2010.* New York, NY: Crown Forum.

Muzzey, D. S. (1915). *Readings in American history.* Boston, MA: Ginn.

Myrdal, G. (with the assistance of R. Sterner & A. Rose). (1944). *An American dilemma: The Negro problem in modern democracy.* New York, NY: Harper.

Nasir, N. S., & Cobb, P. (Eds.). (2007). *Improving access to mathematics: Diversity and equity in the classroom.* New York, NY: Teachers College Press.

National Association of Child Care Resource and Referral Agencies (NACCRRA). (2011). *Child care in America: 2011 state fact sheets.* Retrieved August 19, 2012, from http://www.naccrra.org/publications/naccrra-publications/2011/8/child-care-in-america-2011-state-fact-sheets

National Center for Education Statistics, Common Core of Data (CCD). (2011). *Public elementary/secondary school universe survey, 2000–01, 2003–04, 2007–08 and 2010–2011.* Washington, DC: U.S. Department of Education.

National Center for Education Statistics (NCES). (2012). *The condition of education.* Retrieved August 5, 2012, from http://nces.ed.gov/programs/coe/pdf/coe_1er.pdf

National Council for the Accreditation of Teacher Education (NCATE). (2008). *Professional standards for the accreditation of schools, colleges, and departments of education, 2008 edition.* Washington, DC: Author. Retrieved August 7, 2012, from http://www.ncate.org/Portals/0/documents/Standards/NCATE%20Standards%202008.pdf

National Education Association. (2010). *Global competence is a 21st century imperative.* Washington, DC: Author. Retrieved August 19, 2012, from http://www.nea.org/

National Geographic Society. (1991, October). America before Columbus. *National Geographic, 180*(4), 1–124 (special issue).

National Science Foundation. (2012). Science and engineering indicators 2012. Retrieved February 3, 2013, from http://www.nsf.gov/statistics/seind12/c2/c2h.htm

Nebraska Legislature. (1992, January 8). Legislature Bill 922, Final reading. Ninety-Second Legislature, Second Session. Lincoln, NE: Author.

Nejadmehr, R. (2009). *Education, science and truth.* New York, NY, and London, UK: Routledge.

Newmann, F. (1975). *Education for citizen action: Challenge for secondary curriculum.* Berkeley, CA: McCutchan Publishing Corporation.

New York (City) Board of Education. (1989). *Statement of policy on multicultural education and promotion of positive intergroup relations.* New York, NY: Author.

Nieto, S. (2010). *The light in their eyes: Creating multicultural learning communities* (10th anniversary ed.). New York, NY: Teachers College Press.

Nieto, S. (2012). United States, multicultural education in. In J. A. Banks (Ed.), *Encyclopedia of diversity in education* (Vol. 4, pp. 2248–2253). Thousand Oaks, CA: Sage Publications.

Nott, J. C., & Gliddon, G. R. (Eds.). (1854). *Types of mankind.* Philadelphia, PA: Lippincott, Grambo.

Nussbaum, M. C. (2002). Patriotism and cosmopolitanism. In J. Cohen (Ed.), *For love of country* (pp. 2–17). Boston, MA: Beacon Press.

Nussbaum, M. C. (2012). *Not for profit: Why democracy needs the humanities.* Princeton, NJ: Princeton University Press.

Okihiro, G. Y. (1994). *Margins and mainstreams: Asians in American history and culture.* Seattle, WA: University of Washington Press.

Olsen, F. (1974). *On the trail of the Arawaks.* Norman, OK: University of Oklahoma Press.

Olson, J. S., & Olson, J. E. (1995). *Cuban Americans: From trauma to triumph.* New York, NY: Twayne.

Orwell, G. (1946*). Animal farm.* New York, NY: Harcourt Brace.

Osler, A. (Ed.). (2005). *Teachers, human rights, and diversity.* Stoke-on-Trent, UK: Trentham Books.

Osler, A. (2012a). Citizenship education and diversity. In J. A. Banks (Ed.), *Encyclopedia of diversity in education* (Vol. 1, pp. 353–361). Thousand Oaks, CA: Sage Publications.

Osler, A. (2012b). Citizenship education in Europe. In J. A. Banks (Ed.), *Encyclopedia of diversity in education* (Vol. 1, pp. 375–278). Thousand Oaks, CA: Sage Publications.

Painter, N. I. (2006). *Creating Black Americans: African-American history and its meanings:*

1619 to the present. New York, NY: Oxford University Press.
Painter, N. I. (2010). *The history of White people*. New York, NY: Norton.
Parekh, B. (2006). *Rethinking multiculturalism: Cultural diversity and political theory* (2nd ed.). New York, NY: Palgrave Macmillan.
Patterson, O. (1977). *Ethnic chauvinism: The reactionary impulse*. New York, NY: Stein and Day.
Payne, R. K. (1996). *A framework for understanding poverty* (rev. 4th ed.). Highlands, TX: aha! Process, Inc.
Peebles, J. (2008). The identification, assessment, and education process of special education limited English proficiency students. *ESL Globe* [Online]. Retrieved January 12, 2009, from http://faculty.chass.ncsu.edu/swisher/VOL%205%20NO%202%20SPRING%202008/issue_peebles.html
Peters, W. (1987). *A class divided: Then and now* (exp. ed.). New Haven, CT: Yale University Press.
Pettigrew, T. F. (2004). Intergroup contact: Theory, research, and new perspectives. In J. A. Banks (Ed.), *Handbook of research on multicultural education* (2nd ed., pp. 770–798). San Francisco, CA: Jossey-Bass.
Phillips, U. B. (1966). *American Negro slavery*. Baton Rouge, LA: Louisiana State University Press. (Original work published 1918)
Portes, A., & Zhou, M. (1993). Segmented assimilation and variants among post-1965 immigrant youth. *The Annuals of the American Academy of Political and Social Sciences, 530*, 74–96.
Postiglione, G. A. (2009). The education of ethnic minority groups in China. In J. A. Banks (Ed.), *The Routledge international companion to multicultural education* (pp. 501–511). New York, NY, and London, UK: Routledge.
Powell, A. B., & Frankenstein, M. (Eds.). (1997). *Ethnomathematics: Challenging Eurocentrism in mathematics education*. Albany, NY: State University of New York Press.
Ramírez, M., & Castañeda, A. (1974). *Cultural democracy, bicognitive development, and education*. New York, NY: Academic Press.
Rampell, C. (2011, August 7). The burden of supporting the elderly. *The New York Times*. Retrieved August 7, 2012, from http://economix.blogs.nytimes.com/2011/04/13/the-burden-of-supporting-the-elderly/
Rastogi, S., Johnson, T. D., Hoeffel, E. M., & Drewery, M. P., Jr. (2011, September). *The Black population: 2010* (2010 Census briefs). Retrieved August 24, 2012, from http://www.census.gov/prod/cen2010/briefs/c2010br-06.pdf
Ravitch, D., & Finn, C. E., Jr. *(1987). What do our 17-year-olds know? A report on the first national assessment of history and literature*. New York, NY: Harper & Row.
Richman, T. D. (2012). Diversity, exceptionality, and knowledge construction. In J. A. Banks (Ed.), *Encyclopedia of diversity in education* (Vol. 2, pp. 677–681). Thousand Oaks, CA: Sage Publications.
Robinson, E. (2010). *Disinte-gration: The splintering of Black America*. New York, NY: Doubleday.
Roderick, M., Jacob, B. A., & Bryk, A. S. (2002). The impact of high-stakes testing in Chicago on student achievement in promotional gate grades. *Educational Evaluation and Policy Analysis, 24*(4), 333–357.
Rodriguez, R. (1982). *Hunger of memory: The education of Richard Rodriguez*. Boston, MA: Godine.
Rorty, R. (1989). *Contingency, irony, and solidarity*. New York, NY: Cambridge University Press.
Rosaldo, R. (1997). Cultural citizenship, inequality, and multiculturalism. In W. V. Florres

& R. Benmayor (Eds.), *Latino cultural citizenship: Claiming identity, space, and rights* (pp. 27–28). Boston, MA: Beacon.
Rose, P. I. (2012). Prejudice and discrimination. In J. A. Banks (Ed.), *Encyclopedia of diversity in education* (Vol. 3, pp.1688–1689). Thousand Oaks, CA: Sage Publications.
Rosenau, P. M. (1992). *Post-modernism and the social sciences*. Princeton, NJ: Princeton University Press.
Sayare, S. (2012, August 25). A rapper and poet pushes for a new French identity of inclusion. *New York Times*, pp. A4 and A7.
Schierup, C.-U., Hansen, P., & Castles, S. (2006). *Migration, citizenship, and the European welfare state*. New York, NY: Oxford University Press.
Schlesinger, A., Jr. (1991). *The disuniting of American: Reflections on a multicultural society*. Knoxville, TN: Whittle Direct Books.
Schofield, J. W. (2001). Improving intergroup relations. In J. A. Banks & C. A. M. Banks (Eds.), *Handbook of research on multicultural education* (pp. 635–646). San Francisco, CA: Jossey-Bass.
Schofield, J. W. (2012). Achievement gap and tracking: International evidence. In J. A. Banks (Ed.), *Encyclopedia of diversity in education* (Vol. 1, pp. 21–25). Thousand Oaks, CA: Sage Publications.
Sensoy, Ö. (2012). Middle Eastern Americans, education of. In J. A. Banks (Ed.), *Encyclopedia of diversity in education* (Vol. 3, pp. 1498–1504). Thousand Oaks, CA: Sage Publications.
Sensoy, Ö., & DiAngelo, R. (2012). *Is everyone really equal? An introduction to key concepts in social justice education*. New York, NY: Teachers College Press.
Shearer, B. (2012). Multiple intelligences. In J. A. Banks (Ed.), *Encyclopedia of diversity in education* (Vol. 3, pp. 1578–1582). Thousand Oaks, CA: Sage Publications.
Shepard, L. A. (2012). Equity in assessment. In J. A. Banks (Ed.), *Encyclopedia of diversity in education* (Vol. 2, pp. 807–812). Thousand Oaks, CA: Sage Publications.
Sherman, D. J. (2008). *Museums and difference*. Bloomington, IN: Indiana University Press.
Shirts, G. (1969). *Starpower*. LaJolla, CA: Western Behavioral Science Institute. This game is available from Simulation Training Systems, http://www.stsintl.com/schools-charities/star_power.html
Shohat, E., & Stam, R. (1994). *Unthinking Eurocentrism: Multiculturalism and the media*. London, UK, and New York, NY: Routledge.
Sizemore, B. (2008). *Walking the circle: The Black struggle for school reform*. Chicago, IL: Third World Press.
Slavin, R. E. (1979). Effects of biracial learning teams on cross-racial friendships. *Journal of Educational Psychology, 71*, 381–387.
Slavin, R. E. (1983). *Cooperative learning*. New York, NY: Longman.
Slavin, R. E. (1985). Cooperative learning: Applying contact theory in desegregated schools. *Journal of Social Issues, 41*, 45–62.
Slavin, R. E. (2001). Cooperative learning and intergroup relations. In J. A. Banks & C. A. M. Banks (Eds.), *Handbook of research on multicultural education* (pp. 628–634). San Francisco, CA: Jossey-Bass.
Slavin, R. E., & Madden, N. A. (1979). School practices that improve race relations. *American Educational Research Journal, 16*(2), 169–180.
Slavin, R. F., & Madden, N. A. (2012). Success for All. In J. A. Banks (Ed.), *Encyclopedia of diversity in education* (Vol. 4, pp. 2102–2105). Thousand Oaks, CA: Sage Publications.
Sleeter, C. E. (2005). *Un-standardizing curriculum: Multicultural teaching in the standards-based classroom*. New York, NY: Teachers College Press.
Sleeter, C. E. (2011). *The academic and social value of ethnic studies: A research review*. Washington,

DC: National Education Association.
Sleeter, C. E., & Grant, C. A. (1997). An analysis of multicultural education in the United States. *Harvard Educational Review, 7,* 421–444.
Smith, J. D., & Inscoe, J. C. (Eds.). (1993). *Ulrich Bonnell Phillips: A Southern historian and his critics.* Athens, GA: University of Georgia Press.
Snipp, C. M. (2012). Native American studies. In J. A. Banks (Ed.), *Encyclopedia of diversity in education* (Vol. 3, pp.1599–1605). Thousand Oaks, CA: Sage Publications.
Solomon, R. P., Singer, J., Campbell, A., & Allen, A. (2011). *Brave new teachers: Doing social justice work in neo-liberal times.* Toronto, Canada: Canadian Scholars' Press, Inc.
Sommers, D., & Franklin, J. C. (2012). Overview of projections to 2020. *Monthly Labor Review, 135*(1), 3–20. Retrieved August 26, 2012, from http://www.bls.gov/opub/mlr/2012/01/art1full.pdf
Spring, J. (2010). *Deculturalization and the struggle for equality: A brief history of the education of dominated cultures in the United States.* New York, NY: McGraw-Hill.
Stampp, K. M. (1956). *The peculiar institution: Slavery in the ante-bellum South.* New York, NY: Vintage.
Starkey, H. (2012). Human rights and education. In J. A. Banks (Ed.), *Encyclopedia of diversity in education* (Vol. 2, pp. 1115–1118). Thousand Oaks, CA: Sage Publications.
Stephan, W. G., & Mealy, M. D. (2012). Prejudice reduction. In J. A. Banks (Ed.), *Encyclopedia of diversity in education* (Vol. 3, pp. 1689–1698). Thousand Oaks, CA: Sage Publications.
Stephan, W. G., & Stephan, C. W. (2004). Intergroup relations in multicultural education programs. In J. A. Banks & C. A. M. Banks (Eds.), *Handbook of research on multicultural education* (2nd ed., pp. 782–799). San Francisco, CA: Jossey-Bass.
Stephan, W. G., & Vogt, W. P. (Eds.). (2004). *Education programs for improving intergroup relations: Theory, research, and practice.* New York, NY: Teachers College Press.
Stiglitz, J. E. (2012). *The price of inequality: How today's divided society endangers our future.* New York, NY: Norton.
Taba, H., Brady, E., & Robinson, J. (1952). *Intergroup education in public schools.* Washington, DC: American Council on Education.
Taba, H., Durkin, M. C., Fraenkel, J., & McNaughton, A. N. (1971). *A teacher's handbook to elementary social studies: An inductive approach* (2nd ed.). Reading, MA: Addison-Wesley.
Takaki, R. (1989). *Strangers from a different shore: A history of Asian Americans.* Boston, MA: Little, Brown.
Takaki, R. (1993). *A different mirror: A history of multicultural America.* Boston, MA: Little, Brown.
Taylor, C. S., & Nolen, S. B. (2012). Classroom assessment and diversity. In J. A. Banks (Ed.), *Encyclopedia of diversity in education* (Vol. 1, pp. 389–393). Thousand Oaks, CA: Sage Publications.
Telles, E. E. (2004). *Race in another America: The significance of skin color in Brazil.* Princeton, NJ: Princeton University Press.
Teng, X., & Zhu, S. (2012). China, multicultural education in. In J. A. Banks (Ed.), *Encyclopedia of diversity in education* (Vol. 1, pp. 342–347). Thousand Oaks, CA: Sage Publications.
Tetreault, M. K. T. (2013). Classrooms for diversity: Rethinking curriculum and pedagogy. In J. A. Banks & C. A. M. Banks (Eds.), *Multicultural education: Issues and perspectives* (8th ed., pp. 125–143). Hoboken, NJ: Wiley.
Todorov, T. (1984). *The conquest of America: The question of the other.* New York, NY: HarperCollins.

Tomlinson, S. (2012). United Kingdom, multicultural education in. In J. A. Banks (Ed.), *Encyclopedia of diversity in education* (Vol. 4, pp. 220–225). Thousand Oaks, CA: Sage Publications.
Toossi, M. (2002). A century of change: The U.S. labor force, 1950–2050. *Monthly Labor Review, 125*(5), 15–28.
Toossi, M. (2012, January). Labor force projections to 2020: A more slowly growing workforce. *Monthly Labor Review, 135*(1), 43–64. Retrieved August 26, 2012, from http://www.bls.gov/opub/mlr/2012/01/art3full.pdf
Touré. (2011). *Who's afraid of post-Blackness? What it means to be Black now.* New York, NY: The Free Press.
Trager, H. G., & Yarrow, M. R. (1952). *They learn what they live: Prejudice in young children.* New York, NY: Harper.
Treisman, U. (1992). Studying students studying calculus: A look at the lives of minority mathematics students in college. *College Mathematics Journal, 23*(5), 362–372.
Turner, F. J. (1989). The significance of the frontier in American history. In C. A. Milner II (Ed.), *Major problems in the history of the American West* (pp. 2–21). Lexington, MA: Heath. (Original work published 1894.)
Uberoi, V., & Modood, T. (2012). Multicultural citizenship. In J. A. Banks (Ed.), *Encyclopedia of diversity in education* (Vol. 3, pp.1518–1523). Thousand Oaks, CA: Sage Publications.
University of Washington. (2011). *Diversity at the University of Washington Data Packet.* Retrieved May 10, 2012, from http://depts.washington.edu/omad/wp-content/uploads/2010/07/2011-10-10-DATA-PACKET-for-the-Board-of-Regents-REV-2011-12-06.pdf
U.S. Census Bureau. (2004). *U.S. interim projections by age, sex, race, and Hispanic origin: 2000–2050.* Retrieved August 20, 2012, from http://www.census.gov/population/projections/data/national/2012.html
U.S. Census Bureau. (2010). *2010 American community survey.* Retrieved November 14, 2011, from http://factfinder2.census.gov/faces/tableservices/jsf/pages/productview.xhtml?pid=ACS_10_1YR_S1603&prodType=table
U.S. Census Bureau. (2010). *2010 American community survey.* Retrieved August 5, 2012, from http://factfinder2.census.gov/faces/tableservices/jsf/pages/productview.xhtml?pid=ACS_10_1YR_S1603&prodType=table
U.S. Census Bureau. (2012). *Statistical abstract of the United States.* Retrieved August 8, 2012, from http://www.census.gov/compendia/statab/
Valdés, G., Capitelli, S., & Alvarez, L. (2011). *Latino children learning English: Steps in the journey.* New York, NY: Teachers College Press.
Valenzuela, A. (2012). Substractive schooling. In J. A. Banks (Ed.), *Encyclopedia of diversity in education* (Vol. 4, pp. 2098–2101). Thousand Oaks, CA: Sage Publications.
van Driel, B. (2012). Islamophobia and anti-Semitism in Europe, educational response to. In J. A. Banks (Ed.), *Encyclopedia of diversity in education* (pp. 1277–1281). Thousand Oaks, CA: Sage Publications.
Varghese, M. M., & Stritikus, T. (2013). Language diversity and schooling. In J. A. Banks & C. A. M. Banks (Eds.), *Multicultural education: Issues and perspectives* (8th ed., pp. 219–239). Hoboken, NJ: Wiley.
Villegas, A. M. (2012). Diversifying the teacher workforce. In J. A. Banks (Ed.), *Encyclopedia of diversity in education* (Vol. 2, pp. 664–667). Thousand Oaks, CA: Sage Publications.
Villegas, A. M., & Lucas, T. (2002). *Educating culturally responsive teachers: A coherent approach.* Albany, NY: State University of New York Press.

Vygotsky, L. S. (1978). *Mind in society: The development of higher psychological processes.* Cambridge, MA: Harvard University Press.
Walker, E. (2012a). *Building mathematics learning communities: Improving outcomes in urban high schools.* New York, NY: Teachers College Press.
Walker, E. (2012b). Mathematics, teacher preparation for diversity. In J. A. Banks (Ed.), *Encyclopedia of diversity in education* (Vol. 3, pp. 1448–1451). Thousand Oaks, CA: Sage Publications.
Watanabe, M. (2012). Tracking in U.S. schools. In J. A. Banks (Ed.), *Encyclopedia of diversity in education* (Vol. 4, pp. 2182–2184). Thousand Oaks, CA: Sage Publications.
Weatherford, J. (1991). *Native roots: How the Indians enriched America.* New York, NY: Fawcett Columbine.
Weaver, M., & Agencies (2010, October 17). Angela Merkel: German multiculturalism has 'utterly failed.' *The Guardian.* Retrieved August 20, 2012, from http://www.guardian.co.uk/world/2010/oct/17/angela-merkel-german-multiculturalism-failed
Webster's encyclopedic unabridged dictionary of the English language. (1989). New York, NY: Portland House.
Weiner, M. J., & Wright, F. E. (1973). Effects of undergoing arbitrary discrimination upon subsequent attitudes toward a minority group. *Journal of Applied Social Psychology, 3,* 94–102.
Weis, L. (2013). Social class and education. In J. A. Banks & C. A. M. Banks (Eds.), *Multicultural education: Issues and perspectives* (8th ed., pp. 61–75). Hoboken, NJ: Wiley.
Weis, L., & Dolby, N. (Eds.). (2012). *Social class and education: Global perspectives.* New York, NY, and London, UK: Routledge.
Westheimer, J. (2012). Patriotism, diversity, and education. In J. A. Banks (Ed.), *Encyclopedia of diversity in education* (Vol. 3, pp. 1652–1656). Thousand Oaks, CA: Sage Publications.
White, J. L., & Parham, T. A. (1990). *The psychology of Blacks: An African-American perspective* (2nd ed.). Englewood Cliffs, NJ: Prentice-Hall.
Wiggins, G., & McTighe, J. (1998). *Understanding by design.* Alexandria, VA: Association for Supervision and Curriculum Development.
Williams, R. M. (1947). *Reduction of intergroup tensions.* New York, NY: Social Science Research Council.
Wood, P. B., & Sonleitner, N. (1996). The effect of childhood interracial contact on adult anti-Black prejudice. *International Journal of Intercultural Relations, 20*(1), 1–17.
Wong Fillmore, L. (2005). When learning a second language means losing the first. In M. M. Suárez-Orozco, C. Suárez-Orozco, & D. B. Quin (Eds.), *The new immigration: An interdisciplinary reader* (pp. 289–307). New York, NY, and London, UK: Routledge.
Wright, M. A. (1998). *I'm chocolate, you're vanilla: Raising healthy Black and biracial children in a race-conscious world.* San Francisco, CA: Jossey-Bass.
Yawkey, T. D., & Blackwell, J. (1974). Attitudes of 4-year-old urban Black children toward themselves and Whites based upon multi-ethnic social studies materials and experiences. *Journal of Educational Research, 67,* 373–377.
Young, I. M. (2000). *Inclusion and democracy.* New York, NY: Oxford University Press.
Zinn, H. (2001). *Howard Zinn on history.* New York, NY: Seven Stories Press.
Zinn, H. (1980). *A people's history of the United States.* New York, NY: Harper & Row.
Zhou, M. (2012). Assimilation, segmented. In J. A. Banks (Ed.), *Encyclopedia of diversity in education* (Vol. 1, pp. 168–172). Thousand Oaks, CA: Sage Publications.

图书在版编目(CIP)数据

多元文化教育概论:第五版/(美)詹姆斯·A.班克斯著;孟梅艳译.—北京:商务印书馆,2020
ISBN 978-7-100-15394-2

Ⅰ.①多… Ⅱ.①詹… ②孟… Ⅲ.①多元文化—文化教育—研究 Ⅳ.①G40-055

中国版本图书馆CIP数据核字(2017)第239815号

权利保留,侵权必究。

多元文化教育概论
(第五版)
〔美〕詹姆斯·A.班克斯 著
孟梅艳 译

商 务 印 书 馆 出 版
(北京王府井大街36号 邮政编码100710)
商 务 印 书 馆 发 行
北 京 冠 中 印 刷 厂 印 刷
ISBN 978-7-100-15394-2

2020年10月第1版　　开本787×960 1/16
2020年10月北京第1次印刷　印张11
定价:48.00元